沖縄の
歴史・政治・社会

今林直樹 著

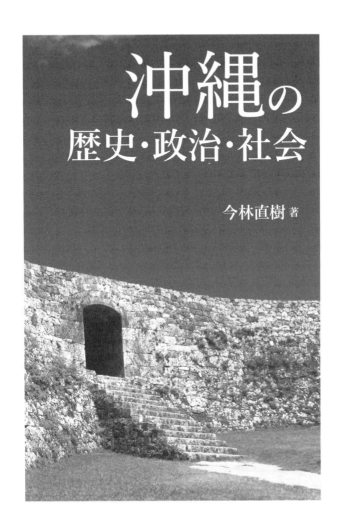

大学教育出版

ま え が き

　沖縄に通うようになってもう十数年が過ぎた。

　まずは沖縄を知らなければならない。そう思って、那覇空港でレンタカーを借り、沖縄本島を一周した。普天間飛行場や嘉手納基地などの米軍基地を見た。沖縄は「基地の島」であった。首里城をはじめ座喜味城や今帰仁城、勝連城、中城城などの琉球王国関連の史跡を訪ねた。沖縄は「歴史の島」であった。斎場御嶽を訪ね、その先に久高島を眺めた時、沖縄は「祈りの島」だと思った。

　北の辺戸岬では「祖国復帰闘争碑」を、南の糸満では「ひめゆりの塔」を見た。それらは訪れる者に声なき声でさらなる沖縄の姿を伝えようとしていた。

　その後、先島と総称される宮古諸島と八重山諸島の島々を訪ねるようになった。宮古諸島の宮古島では仲宗根豊見親玄雅のミャーカを、多良間島では土原豊見親春源のミャーカを見た。八重山諸島の石垣島ではオヤケアカハチの騎馬像と大浜の海岸にあるアカハチが残したという伝説の「足跡」を、竹富島では西塘の墓の上に建てられた西塘御嶽を見た。これら先島の4つの島々とそれぞれの島を代表する4人の人物は、1500年、琉球王国の尚真治世下で起こった「オヤケアカハチの乱」という一本の糸で結ばれる。先島の島々もまた「歴史の島」であった。

　沖縄を知る旅は現在進行形である。それが終わりのない旅であることは間違いない。沖縄はそれほどまでに広く深い対象であるとともに、沖縄を知れば知るほどさらに知りたくなるという、汲めども尽きぬ魅力を持っているからである。

　本書は、そうした筆者の沖縄を知ろうとする旅の中で、その時々に抱いた関心をまとめたものである。

　2016年3月

著者

沖縄の歴史・政治・社会

目　次

まえがき ……………………………………………………………… i

第1章　沖縄諸島 ………………………………………………………… 1
　　はじめに　　1
　　1．沖縄諸島の地理　　3
　　2．沖縄諸島の民俗　　6
　　3．沖縄諸島の歴史　　9
　　おわりに　　11

第2章　宮古諸島 ……………………………………………………… 14
　　はじめに　　14
　　1．宮古諸島の地理　　14
　　2．宮古諸島の民俗　　17
　　3．宮古諸島の歴史　　20

第3章　八重山諸島 …………………………………………………… 24
　　はじめに　　24
　　1．八重山諸島の地理　　24
　　2．八重山諸島の民俗　　27
　　3．八重山諸島の歴史　　32

第4章　宮里栄輝に関する覚書 ……………………………………… 43
　　はじめに　　43
　　1．沖縄県立図書館　　43
　　2．終　戦　　45
　　3．沖縄人連盟九州本部　　47
　　4．沖縄の帰属問題　　50
　　おわりに　　52

目　次　v

第5章　戦後沖縄の政治と沖縄社会大衆党 ………………………… 55

　　　はじめに　　55

　　　1．沖縄社会大衆党の結成　　56

　　　2．沖縄社会大衆党の性格　　61

　　　3．沖縄の日本復帰と沖縄社会大衆党　　64

　　　おわりに　　69

第6章　沖縄の記憶を語り継ぐ

　　　── 石川ジェット機墜落事故 ── ………………………… 76

第7章　「うちなあぐち」をめぐる諸問題 ………………………… 83

　　　はじめに　　83

　　　1．「うちなあぐち」という呼称　　86

　　　2．「うちなあぐち」は言語か方言か　　88

　　　3．「うちなあぐち」の教育研究活動　　92

　　　おわりに　　97

第8章　服部四郎の来沖

　　　──『服部四郎　沖縄調査日記』を読む ──…………………… 101

　　　はじめに　　101

　　　1．『服部四郎　沖縄調査日記』　　103

　　　2．琉球方言研究の実践　　105

　　　3．戦後沖縄社会の観察　　110

　　　4．服部の残した謎　　113

　　　おわりに　　115

第9章　仲宗根政善と琉球大学琉球方言研究クラブ ⋯⋯⋯⋯⋯⋯ 118

　　はじめに　118

　　　1．仲宗根政善　119

　　　2．国語学概論　122

　　　3．服部四郎の来沖　125

　　　4．琉球方言研究クラブ　129

　　おわりに　133

第10章　仲宗根政善生誕百年を迎えて ⋯⋯⋯⋯⋯⋯⋯⋯⋯⋯⋯ 136

　　はじめに　136

　　　1．今帰仁方言研究　138

　　　2．『仲宗根政善言語資料』　141

　　おわりに　145

第11章　沖縄を生きた糸満女性　照屋敏子 ⋯⋯⋯⋯⋯⋯⋯⋯⋯ 148

　　はじめに　148

　　　1．越境する沖縄女性　150

　　　2．イチマンウィナグー　152

　　　3．沖縄独立論への傾斜　155

　　おわりに　160

第12章　瀬長　瞳、内村千尋著『生きてさえいれば』

　　　　（沖縄タイムス社、2010年）⋯⋯⋯⋯⋯⋯⋯⋯⋯⋯⋯ 162

第13章　与那原恵著

　　　　『首里城への坂道　鎌倉芳太郎と近代沖縄の群像』

　　　　（筑摩書房、2013年）⋯⋯⋯⋯⋯⋯⋯⋯⋯⋯⋯⋯⋯ 167

第14章　比屋根照夫著『戦後沖縄の精神と思想』
　　　　（明石書店、2009年）……………………………………… *175*

第15章　仲程昌徳著
　　　　『「ひめゆり」たちの声『手記』と「日記」を読み解く』
　　　　（出版舎Mugen、2012年）………………………………… *183*

あとがき　………………………………………………………… *193*

第1章

沖縄諸島

はじめに

　沖縄は、有人島か無人島かを問わず、100を超える大小さまざまな島々から構成される島嶼地域である[1]。それらは地理的まとまりを単位として沖縄諸島、宮古諸島、八重山諸島、大東諸島の4つに区分されるが、その中でいわゆる「琉球文化圏」（琉球弧）を構成しているのが大東を除く3つの諸島である。それは歴史的に琉球王国の版図であると言うこともできる。しかし、「琉球文化」という共通の特徴を有するといっても、「琉球文化圏」自体は一様なものではなく、内部に豊かな多様性を持つ世界である。

　島はそれ自体が一つのミクロコスモスであり、内と外の世界が明確に分けられる環境にあるのに加えて、島嶼間あるいは島間の距離が多様性を与える。例えば、宮古諸島と八重山諸島を総称して先島諸島というが、宮古諸島の中心である宮古島の位置はいわゆる沖縄本島の中心都市である那覇から約300km離れている。八重山諸島の中心である石垣島はそこからさらに遠く、日本最西端の島である与那国島に至っては台湾との距離が約110kmということで、国境の島として那覇よりも台湾の方が近いという地理的環境にある。こうした地理的な距離が各諸島間、そして各島間の文化的・歴史的差異を拡大する大きな要因となっている。

また、島の形状が島での人々の生活を特徴づける。沖縄の島々はその形状から「高島」と「低島」に分類できる[2]。「高島」は標高500m前後の高い山と川がある島であり、沖縄諸島の沖縄本島や八重山諸島の石垣島、西表島がその代表である（沖縄本島は厳密には高島と低島の複合型である）。沖縄本島の最高峰である与那覇岳は標高503m、石垣島の於茂登岳は標高525mで、こちらは沖縄の最高峰でもある。また、西表島の古見岳は標高が470mで西表島の最高峰であるが、西表島にはその他にも標高300〜400mの山々が連なっている。「低島」は隆起珊瑚礁からなり、山はあっても標高が100m前後であって、川らしい川はない。沖縄諸島では浜比嘉島や久高島、先島諸島でいえば、宮古諸島の宮古島や多良間島、八重山諸島の竹富島などがその代表である。ちなみに、浜比嘉島の最高標高は78.7mであり、久高島17.5m、宮古島115m、多良間島34m、そして竹富島は33mである。

　このような地形の違いは農業の違いとなって現れる。すなわち、水資源が豊富な「高島」では水田耕作が行われているが、それほど水資源が豊かではない「低島」では畑作が行われているのみである。「高島」であれ「低島」であれ、そこに人が居住する以上、農業のためだけではなく、生活のためにも水資源は不可欠である。沖縄の気候は亜熱帯性気候であり、年平均気温は23〜24度である。そして、沖縄は夏から秋にかけて発生する台風の進路にあたっており、毎年その時期には数個の台風が相次いで上陸して大きな被害をもたらすことから、台風のマイナス面ばかりが強調されがちではあるが、その一方で、波照間永吉によれば「祭祀的世界からみると、台風を忌避するための儀礼はない」[3]のであり、水田耕作にせよ畑作にせよ、台風のもたらす雨はまさに「恵みの雨」でもあったのである。

　むしろ、島の人々にとって生死にかかわる最も深刻な問題は旱魃であり、水不足であった。「高島」であれ「低島」であれ、このような自然環境の下に暮らす人々にとって水不足は致命的であり、生命を脅かすものであった。島々には「恵みの雨」を願う人々の祈りが「雨乞いの儀礼」として今に伝わっている[4]。すなわち、島の人々は日照りが続き、水不足が引き起こされると「雨乞い」を行って天からの水の恵みを祈ったのであった。なお、現在でも島の人々

にとって旱魃と水不足が生活を脅かす最も深刻な問題であるというその事情は基本的には変わっていない。

　このように島嶼地域としての沖縄では、「琉球文化」という共通項を持ちながらも、それを構成する諸島ごとに、そしてそれぞれの諸島を構成する島ごとに、独特の文化が形成され、独自の歴史が展開してきたのである。

　以下、本章では沖縄諸島を取り上げ、地理、民俗、歴史という点からまとめていく。なお、本書では、第2章で宮古諸島を、第3章で八重山諸島を取り上げて、琉球文化圏の多様性を確認していきたい。

1. 沖縄諸島の地理

　沖縄諸島は、沖縄本島を中心に同島とその周辺の島々から構成される。

(1) 沖縄本島

　沖縄本島は沖縄最大の島であり、その面積は1200km²を超える。南北に細長く伸びた沖縄本島は地理的には北部・中部・南部に分けられる。

　北部は国頭地区[5] あるいは山原とも呼ばれ、歴史的には琉球王国が成立する以前のいわゆる「三山鼎立時代」において山北王の支配する領域であった。その拠点が本部半島にある今帰仁城である。山北は、1416年、尚巴志によって滅ぼされ、その後、同地には北山監守が置かれることになる。

　また、北端には辺戸岬がある。辺戸岬は、戦後、沖縄で展開した日本復帰運動にとっては象徴的な場所であった。なぜなら、戦後の米軍統治時代、日本から切り離されていた沖縄からすれば、辺戸岬は地理的に日本に最も近い場所であったからである。沖縄の日本復帰は1972年に実現するが、その後、1976年には沖縄県祖国復帰協議会の手により「祖国復帰闘争碑」が建立されている。

　中部は中頭地区とも呼ばれる。歴史的には中山王が支配した領域で、琉球王国の成立と発展において最も重要な地域である。とくに、浦添には「浦添ようどれ」など重要な遺跡が残っている。「浦添ようどれ」は、琉球王国に先立つ

統一王であった英祖王の墓所でもあり、中山の歴史を考える上で重要な遺跡である。その他、琉球王国との関連でいえば、中部西岸の読谷村には座喜味城、中部東岸の中城村には中城城、そして勝連半島には勝連城がある。前二者は、中城按司であった護佐丸によって建てられた。勝連城は勝連按司であった阿摩和利の城である。護佐丸と阿摩和利は、第1尚氏王統第6代の尚泰久の治世にいわゆる「護佐丸・阿摩和利の乱」を起こす。

　中部は米軍基地が集中しているところでもある。例えば、読谷村にある「読谷補助飛行場」と「楚辺通信所」、宜野湾市にある「普天間飛行場」、嘉手納町にある「嘉手納飛行場」などがその代表である。「象のオリ」とも呼ばれる「楚辺通信所」は一部用地の使用期限が切れて米軍による「不法占拠」状態になったことで知られる。宜野湾市の面積の4分の1を占める「普天間飛行場」は、周辺に住宅地が密集していることもあり、その危険性が指摘されて久しいが、移設をめぐっては県内移設への反発があり、この問題は依然として解決を見ていない。「嘉手納飛行場」は「不沈空母」の異名を持つ在日米軍最大の空軍基地である。ヴェトナム戦争中であった1965年8月、B52爆撃機25機が嘉手納飛行場から北ヴェトナム爆撃のために出撃したことから、沖縄戦を経験した沖縄県民はそれがヴェトナム戦争への間接的協力になるということからB52の撤去を求める運動を起こした。B52が嘉手納から撤去されたのは1970年9月のことである。

　南部は島尻地区とも呼ばれる。南部の中心は沖縄県の県庁所在地で、商業都市でもある那覇である。歴史的には、那覇にある首里が琉球王国時代に王府が置かれた地であり、国王の居城として首里城が建てられた。現在、見ることのできる首里城正殿は、沖縄の日本復帰20周年記念事業として復元されたものである。南部を代表するもう一つの地域は糸満であろう。糸満は漁業で栄えたところで、旧暦5月4日には「糸満ハーレー」と呼ばれる祭があり、海への感謝や豊漁を祈る行事となっている。かつて糸満女性による「イユアチネー」（魚売り）は有名であったが、戦後、密貿易の女王と呼ばれた金城夏子や、沖縄の経済的自立を目指した照屋敏子など、「女傑」と呼ばれる女性が多かった地域としても知られる。

沖縄戦との関連でいえば、南部にはいわゆる「南部戦跡」が残っている。代表的なものとしては、「旧海軍司令部壕」や「南風原陸軍病院」「ひめゆりの塔」や「白梅の塔」などがあり、その他にも、沖縄戦に関する資料館として「沖縄県平和祈念資料館」と「ひめゆり平和祈念資料館」がある。

(2) 沖縄本島周辺島嶼部

沖縄本島周辺の島嶼部としては与勝諸島、伊平屋伊是名諸島、慶良間諸島などがある。

与勝諸島は沖縄本島中東部の勝連半島の沖に点在する島々で構成される。その中には勝連半島と橋で結ばれた平安座島や、浜比嘉島、宮城島、伊計島などがあり、この4島はそれぞれも橋で結ばれている。なお、浜比嘉島は琉球開闢の神である「アマミチュー」「シルミチュー」にまつわる霊場があることでも有名である。

伊平屋伊是名諸島は沖縄本島の北西に位置し、伊平屋島と伊是名島を主とする島嶼部である。両島は琉球王国における第1尚氏王統と第2尚氏王統にゆかりのある島である。すなわち、第1尚氏王統は尚巴志によって確立されたが、伊平屋島はその祖先である屋蔵大主の出身地である。第2尚氏王統を確立したのは尚円であるが、尚円は伊是名島の出身である。なお、2015年は尚円の生誕600年にあたっている。

慶良間諸島は沖縄本島南部の西方に点在し、同諸島最大の島である渡嘉敷島をはじめ座間味島、阿嘉島などから構成される。慶良間諸島の島々は沖縄戦が始まった場所として知られている。すなわち、沖縄戦は、1945年3月26日、米軍が座間味の島々に上陸したことから始まる。米軍は翌27日には渡嘉敷島に上陸していくが、こうした島という閉じた空間の中で展開した地上戦が、逃げ場のない住民の集団自決という凄惨な事態へとつながっていくのである。その後、米軍は慶良間諸島から沖縄本島に向い、4月1日には本島に上陸していくことになる。

2．沖縄諸島の民俗

　本節では沖縄諸島の島々からとくに浜比嘉島と久高島を取り上げ、琉球の開闢神話と五穀の起源について紹介する。

（1）浜比嘉島

　浜比嘉島は勝連半島の東に位置し、平安座島とは浜比嘉大橋を通じてつながっている。最高峰はスガイ山の標高78.7mで、低島である。島の居住区は西部の浜地区（浜集落で構成）と東部の比嘉地区（比嘉集落と兼久集落で構成）に分かれている。

　先述のとおり、浜比嘉島には琉球開闢の神である「アマミチュー」「シルミチュー」にまつわる霊場がある。羽地朝秀（向象賢）の著した琉球で最初の正史である『中山世鑑』の「琉球開闢之事」によると、その概略は次のようなものである[6]。

　　昔、天に阿摩美久という神がいらっしゃった。天帝がこれを召しておっしゃるには「この下に神が住むべき霊所がある。しかし、未だ島には成っておらず、悔しいことだ。汝、降って島を造るべし。」と下知なされた。

　　阿摩美久が降って見ると、霊地とは見えるが、東海の波が西海に打ち越し、西海の波が東海に打ち越して未だ島には成っていない。

　　そこで、阿摩美久は天に上り、「土石草木をいただいて島を造って奉ります」と申し上げた。天帝は感ぜられるところがあり土石草木を授けたので、阿摩美久は土石草木を持って下り、島の数を造ったのである。

　　まず、国頭に「辺土の安須森」を、次に「今鬼神のカナヒヤブ」、次に「知念森」「斎場嶽」「藪薩の浦原」、次に「玉城アマツヅ」、次に「久高コバウ森」、次に「首里森」「真玉森」、次に島々国々の嶽々森々を造った。

　以上が琉球開闢にまつわる神話である。なお、現在、「辺土の安須森」は「辺戸の安須森」、「今鬼神のカナヒヤブ」は「今帰仁の金比屋武」と表記されている。また、「知念森」は「知念グスク」、「玉城アマツヅ」は「玉城グスク」

のことである。「グスク」は沖縄に遺跡として数多く残っており、「城」という字をあてるが、琉球における政治権力、ひいては王権の成立との関連で極めて重要である[7]。「斎場嶽」は、現在では「斎場御嶽」と表記されるが、よく知られているように、琉球王国における最高の聖地であるとされるところである。「首里森」は首里城の城内にある御嶽で、10か所あるといわれる城内の拝所の中で最も神聖な御嶽であるとされている。

この開闢神話に次いで、『中山世鑑』では阿摩美久による人間の創造が語られる[8]。それは次のようなものである。

　　数万年を経ても、人もいなければ神の威光も顕すことができないとして、阿摩美久は天に上って人種子をくださるよう天帝に乞うた。
　　天帝がおっしゃるには、「汝が知っているように天には神は多いが、下すべき神はいない。そうかといって、黙って見過ごすわけにもいかない。」ということで、天帝は御子の男女をお下しなさった
　　男女の二人は、陰陽和合はなかったが、並んで居たために、往来の風を縁にして女神が懐妊し、三男二女を生みなさった。
　　長男は国の主の初めで、天孫氏と号した。
　　二男は諸侯の初めで、三男は百姓の初めであった。一女は君々の初めで、二女は祝々の初めである。

以上が人間創造神話である。

上記、「阿摩美久」と記されているのが「アマミチュー」であるが、『中山世鑑』に基いて蔡温が記した琉球の正史である『中山世譜』では、一男一女の神が大海の「大荒際に生まれた」とし、男神を「志仁礼久」、女神を「阿摩弥姑」としている[9]。すなわち、「阿摩弥姑」は「阿摩美久」であり「アマミチュー」である。一方、「志仁礼久」は「シルミチュー」のことであり、この『中山世譜』において登場する。『中山世譜』ではこの二神が「海浪が氾濫して居所が足りなかったことから、土石を運び、草木を植えて、それを用いて海浪を防ぎ、嶽森を造った」とされている[10]。そして、その後、天帝子が現れて三男二女を生んで長男が天孫氏の祖となっていくことになるが、この『中山世譜』の記述は『球陽』へと引き継がれていく。

先述のとおり、浜比嘉島に残る「アマミチュー」と「シルミチュー」を祭る
霊場はこうして語り継がれてきた琉球の開闢神話に基づくものである。

(2) 久高島

沖縄諸島でもう一つ忘れてならない島が「神の島」として知られている久高
島である。久高島は知念岬の東海上に位置している。先にみたとおり、久高島
の「久高コバウ森」は阿摩美久が造ったとされている。また、12年に1度の午
の年に行われる「イザイホー」と呼ばれる祭礼があることでも知られているが、
同祭礼は1978年に行われたのを最後に行われていない。

阿摩美久が久高島に五穀をもたらしたという神話は『中山世鑑』に記されて
いる。それは次のようなものである[11]。

> 人は未だに農業を知らず、草木の実を食べ、また未だに火を知らず、禽獣の
> 血を飲み、その毛を茹でなどしていたので、人の繁栄が成り難かった。そこで、
> 阿摩美久は天に上って五穀の種子を天帝に乞い、それを持って下って麦、粟、
> 萩、黍の数種を初めて久高島に蒔いた。稲は知念大川の後に、また玉城ヲケミ
> ゾに植えた。

なお、『琉球国由来記』には久高島の五穀神話について上記とは異なる、次
のような話が記録されている。

> 天孫氏の世代に「アナゴノ子」という人が久高島に住み始めた。妻は「アナ
> ゴノ姥」という。ある日、アナゴノ子が漁をしに伊敷浜に出たとき、白い壺が
> 浮いて寄って来るのをみて取ろうとしたが果たせず、しかし壺は遠くに離れる
> こともなかったので2、3度取ろうと試みたがやはり果たせず、かといって遠く
> に離れることもなかった。急いで帰宅して妻にこのことを語ると、妻は必ずそ
> れには理由があるということで、「沐浴潔斎して壺を取りに行け」という。そこ
> で妻の言うとおりに沐浴潔斎し、白衣を着て浜に戻り、袖をつけて待っている
> と、壺が寄ってきて袖に乗ったので、取って家に持ち帰った。壺の口を開けて
> みると中には麦・粟・黍・豆・檳榔・アザカ・シキヨの7種があった。これは蒔
> くべき種と心得てそこここに蒔いてみると、いずれも芽が出た。そのうち、麦
> は春に成熟したので、2月に麦穂祭の祭礼を行うことにした。粟・黍・萩は夏に

成熟した。檳榔は諸木に秀でて高かった。アザカとシキヨは繁茂して森嶽となった。

　こうして、久高島では麦が春に、知念と玉城では稲が夏の初めに熟すようになり、歴代琉球国王は2月に久高島に、4月には知念と玉城に行幸するようになったとのことである[12]。
　以上が琉球の正史で記されている開闢神話と五穀の起源である。

3．沖縄諸島の歴史

（1）琉球・沖縄史の時代区分
　琉球・沖縄史の時代区分は沖縄諸島で展開した歴史が軸となって、次のように区分されている[14]。
　①　古琉球
　　　貝塚時代の終わりから薩摩の島津氏が琉球を侵略した1609年まで
　②　近世琉球
　　　1609年から明治国家によって「琉球処分」が行われた1879年まで
　③　近代沖縄
　　　1879年から沖縄戦を経て沖縄が米軍統治下に入る1945年まで
　④　戦後沖縄
　　　沖縄が米軍統治下に入った1945年以降。なお、戦後沖縄は、沖縄が日本に復帰した1972年を境に、それ以前の米軍統治時代とそれ以後の沖縄県時代に区分される。

（2）古琉球
　以下、本節ではとくに古琉球に焦点を当てて琉球・沖縄の歴史を振り返っておきたい。
　古琉球において、10世紀あるいは12世紀に始まる「グスク時代」に按司と

呼ばれる政治権力が各地に成立した。按司間の勢力争いはやがて王権の成立へと発展する。伝説の時代も含めて、琉球・沖縄史における王統は、源為朝の子とされる舜天を祖とする舜天王統、「天日の子」とされる英祖を祖とする英祖王統、羽衣伝説を持つ察度を祖とする察度王統、尚巴志によって確立され、思紹を始祖とする第1尚氏王統、そして尚円を初代とし明治時代初期まで存続した第2尚氏王統と続く。

　上記のうち、13世紀後半に成立した英祖王統の祖である英祖は実在の可能性が指摘されている人物で、先述のとおり、その墓所とされるのが「浦添ようどれ」である。なお、琉球王国の正史である『球陽』には英祖王統第4代玉城の時に「国分れて三と為る」[15]とあり、英祖王統が統一王権であった可能性があると考えられている。統一王権が3つに分裂して中山、山北、山南のいわゆる「三山鼎立時代」となっていく。そして、この頃から中国の冊封体制に入っていくのである。

　この「三山鼎立時代」に終止符を打ったのが佐敷按司の尚巴志であった。尚巴志によって確立された第1尚氏王統の琉球王国はその拠点をそれまでの浦添から首里に移し、以後、首里が王国の中心となる。第1尚氏王統は、尚巴志の三山統一を1429年とみると、金丸が即位して第2尚氏王統初代の尚円となった1470年までわずか40年ほどしか存続しなかった。第6代尚泰久治世下の1458年には「護佐丸・阿摩和利の乱」が起こる。尚泰久の王妃の父で中城按司であった護佐丸は、『球陽』の記すところでは、「賦性聡明にして英雄絶倫なり。而して誠実恭謹、色を正して朝に立ち、敢へて妄行せず。当時諸僚皆之れを尊信す」[16]とあり、尚泰久の忠臣であったが、勝連按司であった阿摩和利の讒言により王府軍により滅ぼされた。尚泰久の娘である百登踏上の婿であった阿摩和利はこの勢いで王府への謀叛を企てたが、尚泰久は夏居数に命じて阿摩和利を攻め滅ぼした。この乱の後、尚泰久政権は政治的に安定し、またこの頃、「万国津梁鐘」に象徴されるように交易によって経済的にも繁栄した。

　しかし、その安定は長くは続かず、第7代尚徳の死後、世子が排斥され、御物御鎖側官であった金丸が即位して尚円と名乗り、ここに第2尚氏王統が始まる。この王統は、明治時代初期の第18代尚泰まで400年以上の長きにわたっ

て続くことになるが、その間の1609年に起こった薩摩の島津氏による琉球侵略を境に、それ以前の古琉球とそれ以後の近世琉球に分けられる。

全盛期は第3代尚真の治世である。1477年に始まる尚真の治世は1526年までほぼ半世紀に及ばんとするものであった。尚真は、その治世下で王府組織と神女組織の中央集権化を実現した。王府組織の中央集権化としては按司の首里への集住、八巻の制による官僚制の確立などが挙げられ、神女組織については聞得大君を中心とする高級神女によるノロ、すなわち各地で祭祀を司る神女の統括が挙げられる。また、1500年に起こったオヤケアカハチの乱を機に、琉球王府の先島支配が本格化していったが、その結果として王府は宮古や八重山に頭職を置き、神女組織の最高位として大阿母を置いて、先島を含めた琉球王国の中央集権化を行ったのであった。しかし、交易については、スペインやポルトガルなどヨーロッパ勢力のアジア進出や明の海禁政策の緩和等によって、アジアの国際環境が変化し、15世紀後半以降は衰退に向かっていった。

薩摩の島津氏による琉球侵略が起こったのは第7代尚寧の治世であった。島津氏が琉球侵略を企図したのは、豊臣秀吉の朝鮮出兵による財政の逼迫や権力の一元化といった問題があったとされる。また、江戸幕府としても琉球を通じて断絶していた明との関係を修復して国際的認知を得るという思惑が、琉球がその要求に応えないことで外れていったために、島津氏による琉球侵略を容認したとされる。この結果、琉球は王国としての地位は変わらなかったが、実質的には薩摩の支配下に入っていくことになったのであった。

おわりに

以上、沖縄諸島の地理、民俗、歴史についてまとめてきた。冒頭に記したとおり、「琉球文化圏」は多様である。沖縄本島だけを取り上げてみても、北部の国頭地区、中部の中頭地区、そして南部の島尻地区ではそれぞれに固有の文化と歴史を形成してきた。その意味で、古琉球の「三山鼎立時代」はとくに興味深く、重要な時代であるといえるであろう。

第2章では宮古諸島、第3章では八重山諸島を取り上げて、さらに「琉球文化圏」の多様性について確認していきたい。

【註】

1）沖縄の地理的概要については、次の文献を参照。安里進、高良倉吉、田名真之、他編、『沖縄県の歴史』、山川出版社、2004年、2-11頁。なお、後述する沖縄の歴史についても同書を参考にした。

2）同前、7頁。

3）波照間永吉「八重山―風土と歴史そして祭祀習俗―」、網野善彦、大隈和雄、小沢昭一他編、『列島の神々：竹富島の種子取祭　上川地方のイヨマンテ』、平凡社、1992年、所収、37頁。

4）雨乞いの儀礼に関して、岩崎卓爾は次のような一文とともに「雨乞ひ祭」の歌詞を紹介している（伝統と現代社編集部編、『岩崎卓爾一巻全集』、伝統と現代社、1974年、45-47頁）。

　　　州南諸島原来水ニ乏シク雨水ヲ瀦留シテ飲料トナス。農界ニハ五風十雨ヲ歌ヒ、単ラ天恵ノ揺籃ニ眠リ為之、人情時ニ激変シテ反覆定マラズ。剛強雄邁ノ性格ナシ、故ニ産業多種多様ナラザル也。寄語ス、北方文明ノ積極的タルニ反シ南方文明ノ消極的ナル所以カ。左ニ雨乞ヒノ歌詞ヲ録セン、寧ロ哀調ナルモ簡浄素撲ノ点ニ於テ雄篇タルベキモノナラン。

5）琉球王国の正史である『球陽』には次のような記述がある。「始めて厥の山川を相し、分ちて三区と為す。一は中頭と曰ふ。即ち中山なり。一は国頭と曰ふ。即ち山北なり。一は島尻と曰ふ。即ち山南なり」（球陽研究会編『球陽　読み下し編』角川書店、1974年、94頁）。

6）伊波普猷・東恩納寛惇・横山重編『琉球史料叢書　第5』、井上書房、1962年、13頁（以下、『第5』と略す）。

7）グスクについては、考古学の立場からグスク研究をリードしてきた安里進氏（元沖縄県立芸術大学教授で、現在は沖縄県立博物館・美術館館長）の諸論考を参照。なお、安里氏のグスク論については、大平聡「グスク研究覚書―安里進氏の『グスク時代』論を中心に」犬飼公之編『沖縄研究　仙台から発信する沖縄学』大風印刷、2011年、所収、9-38頁参照。

8）伊波・東恩納・横山編、前掲書、13頁。

9）伊波普猷・東恩納寛惇・横山重編『琉球史料叢書　第4』井上書房、1962年、20頁（以下『第4』と略す）。

10）同前。

11）伊波・東恩納・横山編『第5』15頁。

12) 外間守善・波照間永吉編著『定本 琉球国由来記』角川書店、1997年、29頁。

13) 同前。

14) 琉球・沖縄の時代区分については、次の文献を参考にした。(財)沖縄県文化振興会公文書管理部史料編集室編『概説 沖縄の歴史と文化』2000年、沖縄県教育委員会。安里進・高良倉吉・田名真之他編、前掲書。なお、各区分のきっかけになった1609年、1879年、1945年、1972年を軸に沖縄を論じたものに、鹿野政直「周辺から 沖縄」歴史学研究会編『国民国家を問う』青木書店、1994年、184-200頁、がある。

15) 前掲『球陽』103頁。

16) 同前、126-127頁。

第2章
宮古諸島

はじめに

　沖縄において「先島諸島」と呼びならわされている地域は宮古諸島と八重山諸島の総称であり、有人島と無人島をあわせて30を超える島々から構成される。

　本章では、先島諸島の中から宮古諸島を取り上げ、その地理、民俗、歴史についてまとめる。本章では宮古諸島から宮古島と多良間島を取り上げ、それぞれの島で形成された民俗と歴史についてまとめていくことにする。

1．宮古諸島の地理

　宮古諸島は、有人島としては、宮古島を中心として、伊良部島、下地島、池間島、大神島、来間島（以上、宮古島市）、多良間島、水納島（以上、多良間村）の8つの島々で構成される。このうち、最も大きい島が宮古島で、面積は約160km²である。次いで、伊良部島の約30km²、そして多良間島の約20km²となっている。宮古諸島の最高峰は、宮古島にあるンキャフス嶺とナカオ嶺の113mであるが、このことからもわかるとおり、宮古諸島のすべてが低島であ

る。なお、宮古諸島にはハブは生息していないが、その理由は宮古諸島の島々が平坦であるため、海面上昇、そして台風や津波などの自然災害の影響をまともに受けた結果、水没して絶滅したのであろうと言われている。

　ここで、本章で取り上げる宮古島と多良間島の地理についてまとめておこう。

（1）宮古島

　前述のとおり、宮古島は宮古諸島で最大の面積を誇り、人口も約5万5,000人と最大である。現在、宮古島は平良、城辺、上野、下地の4つの地区に分かれており、中心は平良地区である。ここでは主として平良地区についてまとめる。

　平良地区は宮古島の北部にあたる。北に向かって半島が伸びており、その先端は西平安名崎であり、夕日が美しいことで知られている。その先には池間島があり、宮古島とは池間大橋で結ばれている。半島中央部の島尻地区は、仮面仮装の来訪神であるパーントゥで知られている。パーントゥは旧暦9月に行われるウガンに出現する神であり、キャーン（蔓草）を巻いた全身に異臭のする泥土を塗り、祭の会場や地区内をねり歩いて災厄を祓うとともに、福を与える。なお、このパーントゥは宮古島南部の上野地区にある野原にも出現する。

　平良地区の中心は平良港に面した地域で、宮古島市役所などが置かれて行政の中心となっている。歴史的に重要な遺跡も残っており、例えば、15世紀末から16世紀初めにかけて宮古島を統治した仲宗根豊見親玄雅とその三男である知利真良豊見親の墓、宮古島で最も重要な御嶽の1つで、人蛇婚説話でも知られる漲水御嶽、過酷な人頭税の記憶で語られる通称「人頭税石」（「賦計り石」）、などをみることができる。

　また、平良近郊には「ガー（井）」と呼ばれる井泉があることも触れておこう。「大和井」「ブトゥラ井」「盛加ガー」などがそうであるが、それらは「降り井」と総称され、その生成には宮古島の地質が関係している。すなわち、琉球石灰岩という水に溶けやすい岩層が雨水などによって浸食されて、内部に空洞ができる。雨水は水をほとんど通さない島尻層群泥岩に堰き止められ、地下水となって、琉球石灰岩の中にたまる。この地下水の一部が地表に湧き出したものが「降り井」となるのである。前述のとおり、島に生活する人々にとって

水資源は貴重であり、生きるための最大の関心事であった。集落はこの「降り井」を中心に形成されて、発展していくのである。

なお、2015年1月31日、宮古島と伊良部島を結ぶ伊良部大橋が開通した。同大橋は平良港トゥリバー地区と伊良部島を結ぶ全長3,540mの橋で、通行料金を徴収しない橋としては最長である。

その他の地区について簡単に触れておく。城辺地区は宮古島の東南部にあたり、国の名勝に指定されている東平安名崎がある。上野地区は宮古島の南部にあたり、前述のとおり、同地区の野原はウガンの際にパーントゥが出現する奇祭があることで知られている。下地地区は宮古島の西南部にあたり、東洋一の美しさを誇ると言われている与那覇前浜がある。与那覇からは全長1,690mの来間大橋を通って来間島へと渡ることができる。

(2) 多良間島

多良間島は宮古島の西方約67kmに位置し、面積が約20km²で、形状はやや楕円形をなしている。周囲はわずかに6.5kmしかない。多良間島の集落は島の北方にまとまっており、南北の道路で西の字仲筋と東の字塩川に区分されている。島の周囲は防潮林で囲まれ、集落は抱護林で、屋敷はフクギ並木で囲まれている。抱護林は沖縄県の指定天然記念物である。また、塩川御嶽の参道に続くフクギ並木は有名で、塩川御嶽を囲むイヌマキ、テリハボク、リュウキュウコクタンなどの植物群落は天然記念物となっている。その他に、嶺間御嶽のアカギ、運城御嶽のフクギ、多良間小学校のセンダンなど「多良間の名木」に認定されているものもある。なお、多良間島にも「ガー」と呼ばれる井泉がある。村の指定文化財である「アマガー」「フシャトウガー」などがそうであるが、多良間島の土質は砂質土壌であり、地下水は豊富で長期にわたる旱魃でも枯れることはない。

多良間島には、文化遺産として豊年祭で演じられる「八月踊り」[1]があり、国の重要無形民俗文化財となっている。「八月踊り」の内容は「民俗踊り」と「古典踊り」「組踊り」に分けられ、仲筋集落と塩川集落とでは演目が異なっている。「古典踊り」の中には首里や那覇ではすでに忘れられているものある。

例えば、「組踊り」では塩川集落で演じられる「多田名組」がそうであり、芸能史の点からも重要である。また、仲筋集落の「忠臣仲宗根豊見親組」のように多良間島で作られたと考えられているものもある。

　重要な史跡としては、土原豊見親のミャーカがある。土原豊見親は16世紀初期に多良間島を統治した人物で、ミャーカとは宮古諸島に分布する石造の墳墓のことである。また、多良間神社にはこの土原豊見親が祭神として祭られている。その他に、宮古と八重山の名を冠した2つの遠見台があり、その役割は航行する船舶の監視や遭難船の救助などであったと考えられている。この遠見台がいつ頃設置されたかは定かではないが、琉球王国の正史である『球陽』の記事から17世紀前半以降のことではないかと考えられているようである[2]。

2．宮古諸島の民俗

　沖縄には村落の祭祀の中核、あるいは日常生活に生きる信仰の対象として、御嶽と呼ばれる聖域がある。御嶽は宮古諸島ではウタキ、八重山諸島ではオンとかワンの名称で呼ばれるが、本章では、宮古諸島にある御嶽をいくつか紹介しながら、宮古諸島の民俗についてまとめる。

(1) 宮古島
宮古島では漲水御嶽と船立御嶽について紹介する。

① 漲水御嶽
　漲水御嶽は宮古島において最も重要な御嶽で、平良港に面したところにあり、宮古島の創世神話や人蛇婚伝説、さらには、1500年に起こったオヤカアカハチの乱に際し、当時、宮古島を統治していた仲宗根豊見親玄雅が戦勝祈願をしたことでも知られている。

　『琉球国由来記』には次のような宮古島の創世神話と人蛇婚伝説が記されている[3]。

（宮古島創世神話）

　宮古島が出現して、まだ人間が誕生していなかったとき、天から恋角と恋玉という男神と女神が漲水に降り立ち、人間や森羅万象を生み出して天に帰った。そして、人々はそこが神の降り立った場所であるということで、石を積み、木を植えて御嶽を立て、拝んだ。以後、人間が大いに賑わい栄えた。

（人蛇婚伝説）

　平良のスミヤというところに富貴栄耀の人がいた。子どもがいなかったので、天に子どもを授かるように祈ったところ、一人の娘を授かった。この娘は見目麗しく、心根も優しく、また孝行の志も深かったので、娘を見て想いを賭けない男とてなく、夫婦にとっても自慢の娘であった。しかし、娘が14、5歳になった頃、娘に懐妊のしるしが見られたので、怪しく思った両親が娘に問いただしたところ、誰とは知らないが、白く美しい若い男が、錦の衣を身に纏い、よい香りをさせて毎夜毎夜忍んで娘の閨中に入ってきたという。そこで、一計を案じた父がその正体を探ったところ、果たして大蛇であった。両親は大いに嘆いたが、その夜に娘の夢枕に大蛇が現れ、「自分は恋角であり、この島を守護する神を立てようとして来て、あなたに想いを掛けたのだ。あなたは必ず3人の娘を生む。娘たちが3歳になったら漲水に連れてくるように。」と言った。大蛇が言ったとおり、月が満ちて娘は3人の娘を生んだ。子どもが3歳になった頃、娘は3人の子どもを父の大蛇に会わせるために漲水に行ったが、大蛇の恐ろしさに子どもを置いて逃げ帰った。残された3人の子どもは、大蛇を恐れることもなく、1人が大蛇の首に、1人が腰に、そして1人が尾に乗って抱きついた。大蛇は紅涙を流して喜び、舌で子どもたちを舐めた。大蛇は3人を宮古島の守護神にして、御嶽の中に掻き消えた。そして、光を放って天に上っていったという。

（仲宗根豊見親の戦勝祈願）

　1500年、八重山諸島の石垣島でオヤケアカハチという人物が勢力を強め、琉球王府に反乱を起こしたとき、当時、宮古島を統治していた仲宗根豊見親玄雅が王府にアカハチの討伐を申し出て王府軍とともに石垣島に向かった。その際、仲宗根豊見親は「勝利を得させ給え」と肝胆を砕いて戦勝を祈った。結果は王府軍の勝利に終わり、帰島した仲宗根豊見親は、神は人の信仰により威光を増し、人は神の徳により運命に添うとして、御嶽の囲いを新しくして深く信仰した。

第2章　宮古諸島　　*19*

以上が、漲水御嶽の由来である。

② 船立御嶽

　船立御嶽は鍛冶伝承と農業の発展に関係の深い御嶽である。『琉球国由来記』には次のような由来が記されている[4]。

　　昔、久米島按司という人に娘がいた。娘は万事の吉凶を占ってはずさなかったが、それをねたんだ嫁が按司に讒言し、信じた按司が娘を島から追い出した。無実の娘を憐れに思った娘の兄は娘とともに島を後にし、宮古島に流れ着いた。娘は島のカネコ世の主という人物と結婚して9人の男子を授かった。成長した子どもたちは母を祖父の久米島按司に合わせようとして船で久米島に向かった。按司は自身の誤りを悔い、鉄巻物などを引出物として授け、宮古島に帰した。それまで宮古島では、牛馬の骨で作った農具で農作業をしていたため五穀が実らず飢饉になったこともあったが、賢き兄が鍛冶を行って鉾鎌を作り出し、五穀豊穣となって飢えを忘れるようになったという。

以上が、船立御嶽の由来である。

(2) 多良間島

　多良間島では運城御嶽と泊御嶽を取り上げるが、『琉球国由来記』ではこれら2つの御嶽の由来がまとめて記されているので、本章でもこれら2つの御嶽の由来として以下に紹介する[5]。

　　多良間島に伊知の按司夫婦がいた。慈悲深き正直者の夫婦で仏神を信仰すること篤かった。夫婦が嶺間に耕作にいったとき、津波であろうか大波が起こって人々を飲み込んだが、伊知夫婦だけは助かった。その後、男子1人、女子2人の3人の子が生まれた。男子は名を土原大殿と名づけられた。この土原大殿に「ヲソロ」という孫がいた。若い時から敬老愛幼の志が深く、朝夕に天を拝んでいた。ある時、運城御嶽と泊御嶽に神霊が光り輝いて天降るのを見たヲソロはこれを拝み、崇敬した。
　　その頃、塩川村に「ハリマニキヤモヤ」という悪逆無道の者がいた。人々はこのハリマニキヤモヤを排除しようと画策したが、多勢に無勢でかなわないと

いうことで運城と泊の御嶽に擁護してくれるよう仰いだ。その時、「ヲラチトノマシラベ」という7歳の女の子に神託が下り、「たとえハリマニキヤモヤが大勢であるといっても、ヲソロの神信仰が深いので逆賊ハリマニキヤモヤを退治することができる」とのことであった。ハリマニキヤモヤは、大勢でヨシカという里を踏み荒らして通ったので、里人が腹を立て、彼らを四方から囲んで攻めた。これに力を得たヲソロが攻め寄せてハリマニキヤモヤとその一味を残らず討ち取った。これこそ誠に神の加護によるものとして崇敬したということである。

以上が、運城御嶽と泊御嶽の由来である。

なお、ここに登場する土原ヲソロは、後に土原豊見親春源となる人物であり、仲宗根豊見親にしたがってアカハチの乱に参戦した人物である[6]。アカハチの乱後、その功績により多良間島の島主となった。後には与那国島に攻め入って鬼虎を滅ぼしたとされる。前述した土原豊見親のミャーカはこの土原豊見親春源の墓である。

なお、多良間島には「鍛冶神のニリ」が残っており、かつて行われていた「フイゴ祭」の時、鍛冶屋が住んでいた旧居で歌われていたと言われている[7]。

3. 宮古諸島の歴史

宮古島に政治勢力が形成されたのは14世紀末頃のことである。『宮古史伝』を著した慶世村恒任は宮古島の歴史を政治勢力の首長の地位により「天太の代」「按司の代」「殿の代」「豊見親の代」「大親の代」の5期に区分している[8]。このうち、「天太の代」から「豊見親の代」までが14世紀末から16世紀初頭にあたる時代である。「按司の代」「殿の代」はほぼ同時期にあたり、宮古島の歴史においては「群雄割拠」の時代であり、争乱の時代である。この時代、宮古島の各地で有力者が按司を名乗り、次いで殿を名乗る者が現れて、それら諸勢力の間で抗争が繰り返された。按司や殿は「七兄弟」と呼ばれる一種の同盟を結んで敵対する勢力に対抗することもあった。この乱世が終わって迎えた統一の

時代が「豊見親の代」であった。すなわち、宮古島の歴史において、14世紀末から16世紀初頭は宮古島が「分裂から統一へ」と移行する重要な時代であったと位置づけることができる。本節ではこのうちの「豊見親の代」に焦点を当て、具体的には仲宗根豊見親玄雅についてまとめていきたい。

　仲宗根豊見親玄雅は、『忠導氏系図家譜正統』によれば、童名を空広といい、明の天順年間（1457～64年）に生まれ、嘉靖年間（1522～66年）に亡くなったとされている[9]。この仲宗根豊見親玄雅を宮古島の歴史の中に位置づけるとき、2つの系譜について考えなければならない。すなわち、1つは目黒盛豊見親の系譜であり、もう1つは与那覇勢頭豊見親の系譜である。

　まず、目黒盛豊見親の系譜についてである。先の『忠導氏系図家譜正統』によれば、仲宗根は目黒盛の玄孫にあたる[10]。「按司の代」「殿の代」は「群雄割拠」の時代であり、各地の按司や殿が勢力を競い合っていたが[11]、その中で有力な按司の一人が佐多大人であった。佐多大人は、与那覇原村を拠点に勢力を誇り、その後、周辺地域を次々と征服していった。この佐多大人と対立する有力者が目黒盛であった。目黒盛は根間大按司の血を受け継ぐ人物であり、領土争いに端を発したイナピゲ森の戦い、稲葉嶺の戦いで敵対する「七兄弟」を破り、勢力を拡大していた。最終的に、宮古島の統一は佐多大人と目黒盛の勝敗に委ねられ、決戦は目黒盛の勝利に終わった。目黒盛は宮古島に安定をもたらし、初めて「豊見親」の称号を名乗ったのであった。

　もう一つは与那覇勢頭の系譜である。目黒盛が破った与那覇原軍の残党に、童名を真佐久という人物がいた。これが後の与那覇勢頭豊見親である。琉球王国の正史である『球陽』には、「大明洪武年間、宮古山の主、与那覇勢頭豊見親なる者有り。童名は真佐久。此の時、本島は兵乱大いに発し、防戦弑奪して干戈息まず。雄を争ひ勇を恃みて自ら島主と為る」と記されており、与那覇勢頭は目黒盛豊見親の代より後に豊見親になったと考えられる[12]。『球陽』によれば、与那覇勢頭は打ち続く兵乱が民に塗炭の苦しみを与えているとして島に安定をもたらすために、宮古島からは初めて中山王に朝貢した[13]。1390年のことであった。この与那覇勢頭から豊見親の地位を継承したのが大立大殿であった。そして、大立大殿から、その性質が敏捷にして才智が群を抜いて優れ

ているとして、珍宝を扱う如き寵愛を受けたのが空広、すなわち、後の仲宗根豊見親玄雅である[14]。先述のとおり、目黒盛派と与那覇原派は宮古島の統一を巡って覇を競ったが、この逸話からは宮古島が統一されて以後、大立大殿の代には両派の対立に終止符が打たれ、協調へと変わっていたことがうかがわれる。

　仲宗根豊見親玄雅はこうした豊見親による安定した統治を背景に宮古島のより一層の繁栄に尽くした。その功績を稲村賢敷にしたがってまとめると次のとおりである[15]。第1に、水資源の確保である。仲宗根豊見親は飲料水用の井戸開掘工事を行って水資源の確保に努めた。第2に、八重山諸島の石垣島で起こったオヤケアカハチの乱の鎮圧である。この乱については後述する。第3に、王府の命を受けての税制の確立である。仲宗根豊見親は収税のための行政機関として蔵許政庁を設置して王府に納付した。第4に、下地橋道の築造である。この橋は下地町字上地の北方にあたり、崎田川の川口に至るまでの沿岸に沿って架せられた石橋であり、当時としては比類のない大土木工事であった。第5に、与那国島出兵である。仲宗根豊見親は、16世紀の初頭、中山王府の命に服さなかった与那国島の鬼虎を攻め、これを滅ぼした。最後に、仲宗根豊見親が「伝家の宝」としていた宝剣を琉球王国第2尚氏王統第3代尚真に献上したことである。

　次章では、上記の仲宗根豊見親の功績のうち、オヤケアカハチの乱を取り上げて、八重山諸島の歴史とあわせてまとめていく。

【註】

1）「八月踊り」については、多良間村文化財保護委員会編『たらましまの八月おどり』2006年、参照。

2）『球陽』には、尚賢治下の1644年に久米、慶良間、渡名喜、粟国、伊江、葉壁等の島々に初めて「烽火」を置いたとあり、多良間島への「遠見台」設置はそれ以降と考えられる（球陽研究会編『球陽　読み下し編』角川書店、1974年、188頁）。

3）外間守善・波照間永吉編『定本　琉球国由来記』角川書店、1997年、472-474頁。引用文は読みやすくするために必要部分を要約し、表記を現代文に改めてある。本節におけるその他の引用文についても同様である。なお、宮古島の創生神である「恋角」と「恋玉」については、『宮古島旧記』では「古意角」「姑意玉」と表記されている（稲村賢敷編『宮古島旧記』（上巻）、宮古報知印刷所、1953年、1頁）。

4）同前、476頁。

5）同前、481-482頁。

6）土原豊見親に関する伝説については、次の文献を参照。多良間村史編集委員会編
　　『多良間村史　第1巻　通史編　島のあゆみ』多良間村、2000年、40-42頁。原田信之
　　「沖縄・多良間島の土原豊見親伝説」『新見公立短期大学紀要』第27巻、2006年、239-
　　257頁。

7）多良間島の「鍛冶神のニリ」を含め宮古諸島の鍛冶伝承については、次の文献を参
　　照。下地和宏「宮古における鍛冶伝承」宮古島市総合博物館編『宮古島市総合博物館
　　紀要』第17号、2013年、128-141頁。なお、同論文は奄美沖縄民間文芸学会編集委員
　　会編『奄美沖縄民間文芸学』第12号、2014年、39-49頁にも掲載されている。

8）この時代区分については、慶世村恒任『宮古史伝』冨山房インターナショナル、
　　2008年、参照。

9）「忠導氏系図家譜正統（原）」平良市史編さん委員会編『平良市史　第3巻　資料編
　　1　前近代』1981年、所収、341頁。なお、『球陽』にも仲宗根豊見親に関する記述が
　　ある。『球陽』前掲書、129頁。

10）同前、337頁。なお、仲宗根豊見親を含む目黒盛豊見親の系譜については、次の文
　　献を参照。下地利幸「旧記にみる家譜の成立前夜～目黒盛豊見親の系譜から見えてく
　　るもの～」宮古島市総合博物館編、前掲誌、第12号、2008年、1-10頁。

11）「按司の代」「殿の代」における「群雄割拠」の状況については、次の文献を参照。
　　稲村、前掲書、139-192頁。慶世村、前掲書、35-88頁。

12）前掲『球陽』108頁。与那覇勢頭豊見親については、次の文献を参照。下地和宏
　　「与那覇勢頭豊見親について」宮古島市総合博物館編、前掲誌、第12号、11-26頁。下
　　地利幸「与那覇勢頭豊見親の出自を考える～「与那覇勢頭」は倭寇由来の名称か～」
　　宮古島市総合博物館編、前掲誌、第18号、2014年、116-141頁。

13）同前、106頁。

14）大立大殿から仲宗根豊見親への権力継承については、次の文献を参照。下地和宏
　　「大立大殿と仲宗根豊見親―宮古島主長の継承をめぐって―」宮古島市総合博物館編、
　　前掲誌、第13号、2009年、1-14頁。

15）稲村、前書、213-232頁。

第3章
八重山諸島

はじめに

　本章では、八重山諸島を取り上げ、その地理、民俗、歴史についてまとめる。本章では八重山諸島から石垣島と竹富島を取り上げ、それぞれの島で形成された民俗と歴史についてまとめていく。

1．八重山諸島の地理

　八重山諸島は、有人島としては、石垣島（石垣市）を中心として、竹富島、西表島、小浜島、黒島、新城島（上地と下地）、鳩間島、由布島、波照間島、嘉弥真島（以上、竹富町）、与那国島（与那国町）など、12の島々から構成される。このうち、最も大きい島が西表島であり、面積は約290km²である。次いで、石垣島の約223km²、そして与那国島の約29km²となっている。八重山諸島の最高峰は、石垣島にある標高525mの於茂登岳であり、これは沖縄県の最高峰でもある。八重山諸島の島々は、石垣島、西表島、与那国島が高島であり、その他はすべて低島である。黒島や新城島の最高標高は13～15m、由布島に至っては2mにも満たないという極端な低島である。また、波照間島は日

本最南端の島であり、与那国島は日本最西端の島であるとともに、台湾との距離が約110kmという国境の島でもある。

ここで、本章で取り上げる石垣島と竹富島の地理についてまとめておこう。

(1) 石垣島

石垣島は島の面積は西表島に次いで2番目だが、人口は約5万人と最大である。人口は島の南部に集中している。島の中心には沖縄で最高峰の於茂登岳が聳えている。島の西北部の川平地区と崎枝地区には川平半島と屋良部半島と呼ばれる半島が伸びており、風光明媚な川平湾、崎枝湾、名倉湾を形成している。また、東北部には平久保半島（伊原間以北）が伸びており、その先端には平久保灯台がある。その先に無人島の大地離島がある。北部には「野底マーペー」伝説で知られる野底岳がある。この伝説は、1732年、琉球王府の命により、黒島から石垣島に野底村建設のために強制移住させられた史実を背景に、強制移住により愛するカニムイと引き裂かれたマーペーという女がカニムイ恋しさのあまりに石になるというものである[1]。この伝説を詠ったものが「つぃんだら節」であり、今でも歌いつがれている[2]。

石垣島の中心は石垣港に面した地域で、石垣市役所や竹富町役場などが置かれて行政や経済の中心となっている。また、石垣港を発着する船舶は竹富島や西表島、小浜島など八重山諸島の他の島々と石垣島を結んでおり、石垣港は八重山諸島の交通の拠点ともなっている。

歴史的、文化的に重要な遺跡も残っている。例えば、宮良殿内である。宮良殿内は、1819年頃に、当時、八重山の頭職にあった宮良当演によって、首里の士族屋敷をまねて建築された邸宅である。首里の士族屋敷は沖縄戦で焼失してしまったため、宮良殿内は建築史上でも貴重な史跡となっている。また、大浜地区には、1500年に琉球王府に対し叛乱を起こしたオヤケアカハチの像や、約2000年前に発生した「先島津波」によって運ばれてきたとされる「津波大石」がある。なお、石垣島の東海岸には、1771年に発生し、宮古と八重山で1万1,000人を超える死者を出した「明和の大津波」の名残である「津波石群」が残っている。

ここで、岩崎卓爾について触れておきたい。

岩崎卓司は、1869年、宮城県仙台市の生まれで、1898年に中央気象台附属石垣島測候所の勤務を命ぜられて石垣島に赴任し、以後、40年の長きにわたって気象観測を行った。岩崎は、石垣島では「天文屋の御主前」[3]として島民から慕われ、定年退職後も気象台の嘱託職員として残り、1937年、石垣島にて68歳の生涯を閉じた。1933年4月には測候所の敷地内に岩崎の胸像が建立され、その功績が讃えられたが、岩崎は気象観測だけに留まらず、八重山の歴史や文化にも強い関心を持った。その成果は『ひるぎの一葉』『やえまカブヤー』『石垣島気候篇』といった著書や、諸雑誌に発表した数多くの文章にもあらわれている。その他にも、『八重山島由来記』などの史書や文書資料を全写したものもあり、いずれも八重山研究には不可欠の第一級の資料である。これらは『岩崎卓爾一巻全集』[4]に収められている。なお、岩崎が先鞭をつけた八重山研究を引き継いだのが、後に「八重山研究の父」と呼ばれた喜舎場永珣である[5]。

(2) 竹富島

竹富島は、石垣島の西南方約6.5kmのところに位置し、人口は300人程度である。集落は島の中央部に集中しており、村名ではンブフルの丘を境に玻座間村と仲筋村から成っているが、大きくは「西集落」「東集落」「仲筋集落」の3つに分けられる。竹富島の集落は、1978年に全体が「重要伝統的建造物群保存地区」となった。町並み保存活動も積極的に行われている。1986年には島外の大企業による土地の買い占めに反対して「売らない」「汚さない」「乱さない」「壊さない」「生かす」という5原則が『竹富島憲章』としてまとめられ、島民が一致協力して島を守るという精神は「うつぐみ」として知られ、竹富島を象徴する言葉となっている[6]。

竹富島は島全体が「西表石垣国立公園」に指定されており、自然環境が豊かである。中でも、カイジ浜はかつての蔵元の港であったが、「星砂の浜」として有名になり、現在では観光名所の一つとなっている。また、コンドイ浜は沖縄でも屈指の美しい砂浜と遠浅の海岸で知られる。なお、竹富島にも「ガー」または「カー」と呼ばれる井泉がある。島では最も古いと言われている「ハ

ナックンガー」や「ナージカー」「ミーナカー」などがそうである。繰り返し
になるが、「低島」である竹富島に暮らす人々にとって水は最も重要な資源で
あったのである。

　重要な史跡としては、16世紀に活躍した竹富島出身の政治家で、首里城の園
比屋武御嶽石門を建築したことでも知られる西塘の建てた蔵元跡や、西塘の墓
とされる西塘御嶽がある[7]。また、コンドイ浜には「ニーラン神石」がある。
ニーラン神は竹富島に五穀の種子を伝えた神であり、竹富島では、旧暦8月8
日にこの「ニーラン神石」を前に「世迎え」という、ニーラン神から種子物を
いただいて豊作を祈る行事が行われる[8]。なお、国の重要無形民俗文化財に指
定されている「種子取祭」[9] という祭祀は竹富島最大の行事であり、名称とは
異なり内容は「種蒔き」の行事である。また、日本最南端の寺院として喜宝院
がある。喜宝院は上勢頭亨が開山した浄土真宗西本願寺派の寺院であるが、同
院には「蒐集館」が併設されており、上勢頭が集めた4000点以上に及ぶ竹富
島の民俗資料が展示されている[10]。上勢頭は竹富島の民話や伝説、歌謡などを
島の古老から広く収集し、それらは『竹富島誌』(「民話民俗篇」と「歌謡・芸
能篇」) にまとめられて、竹富島研究に欠かすことのできない第一級の資料と
なっている[11]。

2．八重山諸島の民俗

　本章では、八重山諸島にある御嶽をいくつか紹介しながら、八重山諸島の民
俗についてまとめる。

(1) 石垣島
石垣島では美崎御嶽と崎原御嶽について紹介する。

① 美崎御嶽
　美崎御嶽は、宮古島の漲水御嶽、多良間島の運城御嶽、泊御嶽と同様に、

その由来がオヤケアカハチの乱に関係している。『琉球国由来記』には次のように記されている[12]。

　石垣島で「ナアタオホジ」という人物がオヤケアカハチと敵対していた。ナアタオホジの妹に真乙姥と古乙姥という2人の妹がいたが、古乙姥はアカハチの妻となっていた。ナアタオホジはアカハチと戦って敗れ、石垣島の古見に逃げていたが、アカハチを討つために来島した王府軍に加わりアカハチ軍を打ち破った。その時、真乙姥が神がかりしたが、王府軍の兵たちは、「もし、それが本当の神であるならば兵船を1艘も残さず、同時に那覇に恙なく守り着かせてみよ。もし、そうでないならば咎あるべし。」と言ったところ、真乙姥は少しも動ぜず、恐れなかったため、兵たちは本当に神がかりしたのだと真乙姥を敬った。
　その後、アカハチは敗れた。真乙姥は「軍船が1艘でも遅れたり先に着くことなどあれば、自分の身はどうなるのだろう」と思い、美崎山に断食して籠り祈願した。すると、王府軍の50艘の船は残らず同時に那覇の港に無事着いた。これにより、この御嶽を崇敬して、航海の際には拝むようになったという。

以上が、美崎御嶽の由来である。

② 崎原御嶽
　崎原御嶽は、先に紹介した宮古島の船立御嶽と同様に、鍛冶伝承を持つ御嶽である。『琉球国由来記』には次のように記されている[13]。

　昔、大浜に「ヒルマクイ」と「幸地玉ガネ」という兄弟がいた。当時、石垣島には鋤・鍬・鎌がなく、なんとかそれを得たいと思っていた。そこで、兄弟は船を造って海に出た。船は　薩州坊泊の下町というところに着き、兄弟は望みの鋤・鍬・鎌を買った。そのとき、白髪の老人が現れ、彼らに「石垣島に崇敬する神はいるか、いないのであれば授けよう」と言った。兄弟は悦んで、「ぜひ授けてほしい」と老人に求めた。老人は櫃を1つ兄弟に渡して、「この櫃は洋中で鳴る。必ずその鳴る方向に船を向けるべし。そうすれば、何事もなく島に着くであろう。島に着いたら、あなたの伯母と妹にこの櫃を開けさせなさい。」と言った。
　兄弟は謹んで櫃を受け取り、石垣島に向けて船を出した。順風が吹き始めたので、これも神の御風と悦び、帆を上げて洋中に乗り出した。すると、老人の

言ったとおり、櫃が鳴ったので奇妙に思った兄弟は櫃を開けてしまった。しかし、櫃には何も入っていなかった。不審に思った兄弟は坊泊に戻り、老人に尋ねた。老人は「あなたがたは洋中で櫃を開けたか」と尋ねたので、兄弟はあるがままに語った。老人は櫃を封じ「洋中で決して開けてはならない」と兄弟に固く申し渡した。再び島に向って船を出したところ、追い風が吹き、櫃の鳴る方向に船を進めて大浜村崎原の泊りに帰り着いた。そこで、伯母と妹が櫃を開けてみると、神が乗り移って託宣があった。そのとき、兄弟は御嶽を建て、今に至るまで祭礼を欠かすことはないのだという。

　以上が、崎原御嶽の由来である。これは「鉄器伝来」の伝説であるが、宮古島の船立御嶽のように、それが鍛冶、そして農業の発展につながったというところまでは記していない。

(2) 竹富島

　竹富島は御嶽の島である。上勢頭亨の著した『竹富島誌　民話・民俗篇』には28もの御嶽が記されており、島の面積が5.42km^{2}であることを考えると、竹富島は文字通り「御嶽の島」である。ここでは、竹富島に残る御嶽のうち最も重要な「ムーヤマ」（六山）と呼ばれる、花城、波座間、幸本（小波本）、仲筋、波利若、久間原の6つの御嶽について紹介する。なお、「ムーヤマ」については、上勢頭の『竹富島誌　民話・民俗篇』に収録されている「六酋長の土地と海の配分の伝説」に基づいて紹介していく[14]。それは、竹富島に渡来した6人の酋長が島の土地を分け合うという伝説である。

① 　花城御嶽（酋長は沖縄から渡来した他金殿）
　花城村の酋長は、少しの土地を6つに分けることは無理と思い、土地をもらうよりは広い海を多く分けてくれと真っ先に願い出て、当方から南方にわたる卯辰巳午の4カ所をもらい、大きな海の所有者になった。

② 　波座間御嶽（酋長は屋久島から渡来した根原金殿）
　波座間村の酋長は耕地面を良い土地から多くと言って、波座間村を中心に

美崎付近を自分のものに分けてもらい、その地で粟作につとめた。そうして粟の主として尊敬されるようになった。かわりに、海としては島の子の方向にある「ヒラソイ」「東ヌソイ」「西ヌソイ」という、3つの大岩を分けてもらった。

③ 幸本御嶽（酋長は久米島から渡来した小波本節瓦殿）
　幸本村の酋長は、波座間王と同様、良い土地を多く取ることを望んだ。「フウジャヌクミ」を中心として西方へ耕地を分けてもらい、大豆、小豆、赤豆、下大豆等の豆類の研究を重ねたので、豆の主として尊敬された。そして、海は西の方向の一部をもらって生活した。

④ 仲筋御嶽（酋長は沖縄から渡来した新志花重成殿）
　仲筋村の酋長は、竹富島の中央を選んで、アラ道から、ンブフル、仲筋フウヤシキまでの耕地をもらいうけ、麦作を研究したので、麦の主として尊敬された。海は戌亥の方向を二部自分の海としてもらいうけた。

⑤ 波利若御嶽（酋長は徳之島から渡来した塩川殿）
　波利若の酋長は、やさしい欲のない方で、5名の選び残りでよいとのことから、美崎原にある新里村の土地の一角をもらい、海は寅の方向の一部をうけて、ハイヤビーと名づけた。
　そして、自分は6名の内一番後輩である、先輩たちの諸作物に一番大切な天の恵みである雨を祈り、島の豊作を祈念する、ということから雨の主となった。

⑥ 久間原御嶽（酋長は沖縄から渡来した久間原発金殿）
　久間原の酋長は、良い土地より悪い石原を多く持ち、その土地に植林をして人民の幸福をはかることが望みだった。そのため石の多い野原を取り、ヒシャール山、ヘーマジッタイ、クムクシマフ、カイジを所有地にし、石原に木を植え、竹富島の山林の主となって人民から山の神として尊敬された。ま

た、海の方は、未申にある「ヒサラビーナノウービー」を自分のものとした。

　6人の酋長は自分の担当した職を神司に告げたので、竹富島の6人の神司はその由来から、土地や海を祝詞に唱え、麦、粟、豆、山、海、雨、この6つに分かれた主の神として6つの御嶽を創立したということである。

　以上が、「六酋長の土地と海の配分の伝説」である。この伝説にしたがい、花城御嶽は「海の神」を祭り、そして、波座間御嶽は「粟の神」、幸本御嶽は「豆の神」、仲筋御嶽は「麦の神」、波利若御嶽は「雨の神」、久間原御嶽は「山林の神」をそれぞれ祭っている。

　この伝説は竹富島の主として農業に関わる伝説であるが、前述のとおり、竹富島は「低島」であり、高い山も川もない。そのため、残された伝説も穀物でも米ではなく粟、麦、豆の神々が祭られ、植林をして山を造る山林の神、そして旱魃や水不足を恐れるということから、雨の神を祭り、雨乞いをして豊作を祈るのである。

　なお、波座間の酋長である根原金殿には鉄にまつわる伝説が残っている[15]。

　以上、前章では宮古諸島、本章では八重山諸島に残る御嶽にまつわる伝説を紹介してきた。ここでは次の点を指摘しておきたい。すなわち、先島諸島における鍛冶伝承と御嶽の建立の関係である[16]。宮古島の船立御嶽、石垣島の崎原御嶽、御嶽ではないが多良間島の「鍛冶神のニリ」、そして竹富島の根原金殿伝説など、鍛冶、あるいは鉄器の導入に関する話が島々に残っている。それはいずれも外から渡来したものであり、農業の発展とともに語られる。鉄器の導入、製鉄技術の普及は島の生活を大きく変えた。そのことがそれを伝えた人物を、フィクションであれノンフィクションであれ、神として崇敬することになった。そして御嶽が建立されたのである。御嶽の信仰はまさにそれが人々の生活に根差したものであるからこそ、今日までその信仰が受け継がれてきているのである。

3. 八重山諸島の歴史

(1) 14～16世紀の八重山諸島

前章でみたとおり、与那覇勢頭豊見親が中山王に朝貢したのは1390年のことであった。『球陽』によれば、与那覇勢頭豊見親は中山への朝貢を決定するにあたり、宮古の平屋地の神と八重山の宇武登嶽の神が元は兄弟神であるということからともに中山に朝貢することになったという[17]。当時の八重山諸島がどのような状況にあったかははっきりしないが、与那覇勢頭豊見親に相当する統一的指導者の名が出てこないことから、八重山諸島は政治社会としては未成熟の段階にあったと考えられる。八重山諸島において政治勢力の台頭がはっきりしてくるのは15世紀末のことである。具体的には、石垣島では大浜地区のオヤケアカハチ、石垣地区の長田大翁主、平久保地区の平久保加那按司、川平地区の仲間満慶山英極、西表島では慶来慶田城用緒、波照間島では明宇底獅子嘉殿、そして与那国島ではサカイ・イソバなどである。15世紀末の八重山諸島は、文字どおり、「群雄割拠」の時代であった。

上記のうち、慶来慶田城用緒については『慶来慶田城由来記』（以下、『由来記』）という10代にわたる慶来慶田城氏の記録が残されている[18]。『由来記』は西表島に関する記事を中心としつつ、当時の八重山諸島における政治、社会、経済の状況や習俗、伝承が記されている貴重な資料である。そこで、本節では慶来慶田城用緒に焦点をあててまとめることにする。

『由来記』によれば、慶来慶田城用緒は外離島の野底辻に居所を置いた有力者の一人であり、錦芳氏の祖となった人物である[19]。後に王府から西表首里大屋子という役名を授けられている。

『由来記』に記された慶来慶田城用緒に関する記事において重要なのは次の3点である[20]。

第1に、慶来慶田城用緒が平久保加那按司を討ったことである。『由来記』によれば、平久保加那按司は平久保村近辺の小さな村々の者を集めておどしつけ、自分に従わせて下人のように使っていた。慶来慶田城は、平久保加那按司

が稲、粟を作って4〜500石ほど貯え、牛馬を3〜400頭も飼い、威勢を振るっていると聞いて、平久保加那按司を訪ねて石垣島を訪れた。しかし、平久保加那按司は慶来慶田城に対して「ただ米の洗汁を呑ませて追い返せ」と冷たくあしらったために慶来慶田城は立腹し、平久保加那按司の暴政に不満を持つ村人と謀って平久保加那按司とその妻子を討ち果たした。平久保村やその近辺の小村の人々はこれを大いに喜び、うち揃って慶来慶田城に礼を述べたという。八重山諸島の「群雄割拠」時代における諸勢力間の抗争の一端をうかがうことができる逸話である。

　第2に、平久保加那按司を討ち果たした慶来慶田城が石垣地区の長田大翁主を訪ねて兄弟の契りを結んだことである。慶来慶田城用緒は長田大翁主を石垣に訪ねた際、「西表島に慶来慶田城という人物がいることを聞き及んでおり、会いたいと思っていた」と長田から丁重なもてなしを受けた。その後、3日間、石垣に滞在し、自分が平久保加那按司を討ち果たしたことも告げた。そして、長田との間に兄弟の契りを結ぶのである。その後、慶来慶田城は外離島に帰ったが、居所であった野底辻では土地が狭く、村を建てることもできず、諸事を調えることが不自由で思うようにならないという理由から西表島の祖納にわたり、次いで東石屋に移った。当時はまだ西表島が王府の支配するところとはなっていなかったが、その2〜3年後に王府の支配下に入り、八重山の全体が豊かになったという。慶来慶田城は長田とともに王府に忠誠を尽くしたので、出世してついに首里大屋子の役を与えられた。

　これも「群雄割拠」時代の様相であるが、慶来慶田城と長田の「兄弟の契り」は、前章の宮古島の「七兄弟」の例にあるように、八重山諸島における諸勢力間の同盟の一例として理解できるであろう。これはやがてオヤケアカハチの乱においてはっきりとしたかたちをとることになる。

　第3に、当時の宮古島と八重山との関係がうかがわれることである。すなわち、宮古島の豊見親による八重山支配である。これは正確には慶来慶田城家2代目の用庶の代の記録であるが、八重山諸島がまだ王府の支配下に入っていない頃、宮古島の豊見親が八重山諸島を支配し、年々、きや木（キャーンギ）、おもと竹、いく木（モッコク）、桑木を豊見親の家の建築資材として納めさせ

ていたといい、さらに、蔵の建築資材としてよし木（イスノキ）、かし木を納めるよう求められたため、やむなく伐採していたところに豊見親が亡くなったとの知らせが届いたので、伐採した木を川に打ち捨て、アヤグを歌い、酒を飲んで大いに喜んだという[21]。

　八重山諸島は、与那覇勢頭豊見親にしたがって宮古島とともに中山に朝貢することを決めたが、それ以後、宮古島における豊見親の支配が確立するにしたがって、豊見親による八重山支配が強まっていったと考えられる。

　繰り返しになるが、上記の3点からは、慶来慶田城用緒の頃の八重山諸島が文字どおり「群雄割拠」の時代を迎えていたことがうかがわれるとともに、当時の八重山諸島が宮古島の豊見親による実質的な支配を受けていたことがうかがわれる。これら八重山諸島における勢力図が大きく変化し、さらに八重山諸島と宮古島との関係、そして王府との関係が大きく変化していく契機となったのがオヤケアカハチの乱である。次節では、オヤケアカハチの乱についてまとめていきたい。

(2) オヤケアカハチの乱

　八重山諸島の石垣島でオヤケアカハチの乱が起こったのは1500年のことであった。このアカハチの乱について、『球陽』は次のように記している[22]。

　　　八重山は、洪武年間より以来、毎歳入貢して敢へて絶たず。奈んせん大浜邑の遠弥計赤蜂保武川、心志驕慢にして、老を欺き幼を侮り、遂に心変を致して謀叛し、両三年間、貢を絶ちて朝せず。

　文中、「遠弥計赤蜂保武川」とあるのがオヤケアカハチである[23]。このアカハチの乱によって、八重山諸島の情勢が大きく動いた。さらに、この乱には宮古島の仲宗根豊見親が深く関与した。そして、当時は琉球王国の全盛期を築いた第2尚氏王統3代目の尚真の時代であった。結果として、この乱を契機に尚真治下の琉球王国による先島支配が確固たるものになっていくことになるのである。

　はじめに、このオヤケアカハチの乱について、主として『球陽』の記述によ

りながら、概観しておきたい[24]。

　先述のとおり、八重山諸島は与那覇勢頭豊見親統治下の宮古島とともに、当時の察度時代の中山に初めて朝貢した。以後、八重山諸島は中山、次いで琉球王国に対して朝貢を続けていた。しかし、この乱に先立つ2～3年前、石垣島の大浜に拠点を置いて勢力を拡大したアカハチが王府への謀叛に及び朝貢を停止した。このアカハチの動きに抵抗したのが石垣の長田大翁主であった。長田には那礼塘、那礼嘉佐成という弟と真乙姥、古乙姥という妹がいた。長田はアカハチに従うことをよしとせずアカハチと戦闘を交えるに至った。しかし、敗れたために、自身は西表島の古見に逃げて洞窟の中に隠れ住み、那礼塘、那礼嘉佐成の2人の弟は殺害された。

　長田に与していた人物の一人が仲間満慶山英極であった。岩崎卓爾の『ひるぎの一葉』に収録された伝承によれば[25]、仲間は長田の帷幕の裡にあって内外のことに鞅掌してたびたび功績を挙げた。その生活は「生来質素簡朴尚武ノ生活ヲ続ケ凡容凡俗ヲ脱シタリ」というものであったが、ある日、アカハチが敵の虚実を探ろうとして仲間を訪ねた際に、仲間を手強い相手とみたアカハチが謀略を用いて仲間を殺害した。その知らせを受けた長田は「余ガ右手ヲ切断サル」と深く嘆いたという。アカハチが謀叛に及ぶ直前のことであろうと思われる。

　波照間島の明底獅子嘉殿もまたアカハチに従わなかった[26]。アカハチは各地に檄文を飛ばしてともに王府と戦うよう促したが、明底は王府への忠誠をとってアカハチに従わなかった。そこで、アカハチは石垣島平得村の嵩茶、大浜村の黒勢らを遣わしてどうにか説得を試みたが成功せず、明底はついに嵩茶らに殺害された。

　こうしたアカハチ優勢という八重山諸島の動きを見、さらにアカハチが宮古島を攻めようとしたことを受けて、王府に対してアカハチ討伐を進言したのが宮古島の仲宗根豊見親であった。稲村賢敷によれば、仲宗根豊見親は宮古島と八重山諸島の離島同盟を模索していたともいうが、アカハチが仲宗根豊見親の提案を受け入れなかったこと、そして宮古島攻略をも考えるに至り、仲宗根は王府側につくことを決意したという[27]。こうして、尚真は、総大将の大里をは

じめ、銭原など9名の将軍を兵卒3000余名、大小の戦船46隻とともに八重山に派遣した[28]。2月2日に那覇を出発した王府軍は、仲宗根豊見親の先導によって八重山に向い、13日に到着した。仲宗根が率いた宮古軍の中には、後に多良間島を統治する土原豊見親春源もいた。そして、西表島に逃げ隠れていた長田大翁主と合流してアカハチ軍と戦闘を交えた。上陸した王府軍に対し、アカハチ軍は嶮しい崖を背面に、海を正面にして布陣した。

さらに、女性たちが手に枝葉を持って天地に呪罵して迎え撃った。大里は慎重を期してアカハチ軍と正面から戦うことをせず、46艘の船団を二手に分け、一隊に登野城を、もう一隊には新川を攻撃させた。この大里の作戦が功を奏してアカハチ軍は大敗し、アカハチは捕えられたうえ殺害された。『ひるぎの一葉』に収録された伝承では、（アカハチの）「軍容俄カニ振ハズ運命尽キテ海ニ逃レントシテ浜の岩石ニ佇ム。王軍追蹓シ来リソノ首級ヲ見ザレバ甘心セザル報ヲ聞キ、残念ト叫ビ力ヲ入レ踏ミシ足跡ヲ石面ニ印シ行跡を暗マシタリ」とある[29]。なお、長田の妹でアカハチの妻となっていた古乙姥はアカハチに与したとして殺害された。

こうしてアカハチの乱は王府軍の勝利で終わった。

乱後の論功行賞は次のとおりである。まず、仲宗根豊見親は宮古頭職の地位を得た[30]。その次男である祭金は八重山頭職となった[31]。これは宮古島が八重山を名実ともに支配下に置いたことを意味した。仲宗根豊見親に従った土原春源は多良間島主となり、豊見親の称号を与えられた[32]。長田大翁主は西表の頭職である古見大首里大屋子に任じられ、妹の真乙姥は大阿母職を与えられたが、それを平得村の多田屋遠那理に譲り、自らは永良比金に任じられた[33]。大阿母と永良比金はいずれも世襲職である。慶来慶田城用緒は西表首里大屋子に任じられた[34]。なお、アカハチの乱の時点ではすでに殺害されていた明底獅子嘉殿については、その3人の息子に与人職、3人の娘に対しては褒美が授けられた[35]。

ここで西塘について触れておきたい。『球陽』によれば、竹富島出身の西塘はアカハチの乱を機に王府軍を指揮した大里に見出されて大里とともに首里へとわたった[36]。いわゆる「西塘の首里上り」である。西塘が大里にその才能を

見いだされたのか、それとも召し取られたのかは見解が分かれるが[37]、首里に
上った西塘はその後王府に登用され、園比屋武御嶽石門や弁ヶ嶽石門の建設、
さらには首里城城壁の修築を指揮したという[38]。西塘はこの園比屋武御嶽石門
の完成を機に、帰郷を願って許され、1524年、武富大首里大屋子に任ぜられて
竹富島に帰郷した。なお、『球陽』によれば、西塘は園比屋武御嶽石門を建て
るにあたり、これで故郷の竹富島に帰ることができたならばこの御嶽の神を竹
富島に供養すると祈ったと言われ、帰郷後、西塘は竹富島に国仲御嶽を建て、
園比屋武御嶽の神を祭った[39]。西塘については、アカハチの乱にどのように関
わったかはっきりとはしないが、竹富島に帰郷した西塘は竹富島に蔵元を設置
し、八重山統治の拠点とした[40]。後にそれは石垣島に移設されることになるが、
西塘がアカハチの乱後の王府による八重山統治に深く関わったことは間違いな
いであろう。

　ところで、なぜアカハチは王府に対して反旗を翻したのであろうか。その原
因については、諸説がある。まず、『球陽』の記述によれば、アカハチの謀叛
は「心志驕慢ニシテ、老ヲ欺キ幼ヲ侮リ」というアカハチ個人の傲慢な性格が
理由である。岩崎卓爾の『ひるぎの一葉』に記されたアカハチの出生に関する
伝承にはアカハチの容貌について「容貌魁偉、頭髪赤緒、長ク垂レ、歯ハ已ニ
成人ノ如ク生イ眼光人ヲ射殺ス」とその尋常ではない怪悪さが強調されている
が[41]、こうしたアカハチの性格や容貌でアカハチの乱のすべてが説明できるわ
けではもちろんなく、こうしたアカハチ像はアカハチを王府に対する逆賊とす
る立場から創作され誇張されたものと考えられる。

　次に、王府による過酷な収奪に対するアカハチの義憤を理由とするものであ
る。『ひるぎの一葉』には「力役納税ノ酷、民ノ枉屈ヲ救ハント欲シ、曩キニ
琉球王ニ納ムベキ年貢ヲ廃シ料地ヲ奪ヒタリ、乱民之ニ披靡シテ気勢決河ノ如
ク、堂々タル勇決他村ニ殊絶シタリ」とあり[42]、それによれば、アカハチは王
府からの重税に苦しむ民を救うために立ち上がった英雄ということになる。ア
カハチが英雄であるか逆賊であるかは別として、牧野清は、アカハチの乱が尚
真治下の中央集権政策が確立していく過程で起こったとして、そうした背景か
ら王府による先島への貢租の増額負担強制などという強い締めつけがあったの

ではないかと推測している[43]。

　最後に、宮古島の仲宗根豊見親との抗争を理由とするものである。すなわち、与那覇勢頭豊見親以後、八重山諸島と宮古島との間に宮古島を優位とする関係が築かれていたことへの抵抗であり、それを可能にしたのが八重山諸島における政治勢力の台頭であった。先の『慶来慶田城由来記』に記された豊見親による八重山支配はアカハチの乱以後のことであるが、アカハチの乱以前にそれに近い状況があったのではないかということである。この点を強調するならば、アカハチの乱は、崎山直の指摘にあるように、王府への謀叛ではなく宮古島を含めた群雄間の勢力争いに過ぎなかったということになる[44]。

　なお、『球陽』に記されている八重山諸島開闢の神とされる「イリキヤアマリ」の信仰に対する王府の弾圧にその原因を求める説もあるが、その記述が『球陽』の尚真と尚貞の2か所に出てくることから、稲村賢敷などの指摘にあるように、現在ではその記述を根拠にアカハチの乱の原因を信仰問題に求めることには無理があるとされている[45]。

　では、アカハチの乱は宮古と八重山にいかなる結果をもたらしたのであろうか。端的に言えば、それは王府による先島支配の確立である。与那覇勢頭豊見親以降、宮古と八重山は中山への朝貢を続けてはいた。それは先島の中山への服属を意味するものではあったが、先島が沖縄本島に拠点を置く王府からは地理的に遠く離れていたために、それは名目的なものであり王府の支配に実質的に組み込まれてはいなかった。しかし、アカハチの乱以後は、王府による先島支配が、仲宗根豊見親や長田大翁主など先島の政治勢力を通じて、実質的な支配へと変わっていった[46]。すなわち、先島は尚真治下で進められた琉球王国の中央集権体制の中にしっかりと組み込まれていくのである。

【註】

1）「野底マーペー」伝説とそれに関する強制移民については、次の文献を参照。高木健「石化伝説─野底マーペーに見る世界─」八重山文化研究会『八重山文化論集』第2号、ひるぎ書房、1980年、231-247頁。喜舎場永珣、「野底マーペーとチンダラ節─男を慕って石と化す強制移民の哀話─」『八重山民俗誌』下巻、沖縄タイムス社、1977年、177-182頁。岩崎卓爾「天然伝説（山ニ関スル伝説）　其の二」『ひるぎの一

葉』（伝統と現代社編集部編、前掲書所収）33頁。牧野清「野底村」、石垣繁編『石垣
島白保村以北の旧村々—牧野清生誕百年記念論集—』2011年、所収、163-191頁。
　なお、この伝説のもととなった野底村建設に関しては、『球陽』に次のように記さ
れている（球陽研究会編『球陽　読み下し編』角川書店、1974年、302頁）。

　　　八重山野底村を創建して黒島の民人を分移す。
　　　八重山黒島は、本島を離るること海路五里の外に在り。田地甚だ狭く、人民増
　　繁し、飲食堪へ難し。川平村属地に一曠野有り。名づけて野底と叫ぶ。泉甘く土
　　肥え、宜しく五穀を種うべし。黒島の民人、往来には舟を用ひ、田を耕し地を鋤
　　き、以て労苦を為す。是れに由りて、在番官・酋長呈請して、彼の島民人四百余
　　名を分けて、此に移住せしむ。乃ち之れを叫んで野底村と曰ふ。因りて与人一
　　人・目指一人を設けて総理せしむ。

2）黒島の民謡である「つぃんだら節」については、喜舎場永珣は、前掲論文において、
　移民事業の裏面にある実に聞くに堪えない悲哀なロマンスを歌った悲曲であるとし、
　そのメロディは聞く者をして胸をえぐられる思いをさせるものだと述べている（喜舎
　場、前掲論文、178-179頁）。また、牧野清は、前掲論文において、「当時強制移住させ
　られた人々が、不本意ながら泣く泣くと、役人の命令に服従せしめられて寄人となり、
　島を後に別れていったうらみつらみの気持ちが歌いこまれ、今に歌いつがれている」
　と記している（牧野、前掲論文、164頁）。
3）芥川賞作家の大城立裕は岩崎を主人公にして「風の御主前—小説・岩崎卓爾伝—」
　を書いており、『大城立裕全集』第7巻に収められている。
4）伝統と現代社編集部編『岩崎卓爾一巻全集』伝統と現代社、1974年。
5）岩崎卓爾をはじめとして喜舎場永珣や牧野清などの八重山研究者については、次の
　文献を参照。三木健『八重山研究の人々』ニライ社、1989年。
6）「竹富島憲章」と「うつぐみ」については、次の文献を参照。上勢頭芳徳「竹富島
　—島を美しく守るうつぐみの心」西村幸夫、埒正浩編、『証言・町並み保存』学芸出
　版社、2007年、所収。
7）西塘については、次の文献を参照。上勢頭亨・与那国善三編『西塘伝』沖縄西塘会、
　1957年。西里喜行「西塘考」『琉球大学教育学部紀要』第32集、1988年、99-106頁。
　『星砂の島』6号、瑞樹書房、2002年。なお、同号は西塘の特集号である。
8）上勢頭亨は「ニーラン神」と「世迎え」について『竹富島誌　民話・民俗篇』（法
　政大学出版局、1976年）で、大和の根の国から「ニーラン神」という神が種々の種子
　物を積んだ船に乗って竹富島に到来したこと、ニーラン神が竹富島の「ハヤマワリ＝
　ハイクバリ」の神に命じて種子を八重山の9か村に分け与えたこと、竹富島では旧暦
　8月8日に「世迎え」というニーラン神から種子物を戴いて、竹富島の豊作を祈ると

いう行事があることを紹介している。

9）種子取祭については、次の文献を参照。網野・大隈・小沢他編、前掲書。狩俣恵一「沖縄・竹富島の種子取祭の伝承」宮城学院女子大学『沖縄研究ノート』10、2001年、1-19頁。

10）上勢頭亨ならびに喜宝院蒐集館については、次の文献を参照。上勢頭同子「父の思い出―教えを仰いだ人たち」『沖縄文化―沖縄文化協会創設40周年記念誌―』『沖縄文化』編集所編、ロマン書房、1989年、775-780頁。阿佐伊孫良「竹富島喜宝院蒐集館文書と上勢頭亨」竹富町史編集委員会編『竹富町史　第10巻資料編　近代1』所収、10-18頁。外間守善「上勢頭亨さんと竹富島」『沖縄学への道』岩波書店、2002年、307-311頁。

11）上勢頭亨『竹富島誌　民話・民俗篇』法政大学出版局、1976年。同『竹富島誌　歌謡・芸能篇』法政大学出版局、1979年。

12）外間、波照間編、前掲書、489-490頁。

13）同前、491-492頁。

14）上勢頭亨、前掲『竹富島誌　民話・民俗篇』37-39頁。

15）この伝説については、上勢頭亨が「根原金殿と与那国島の伝説」として前掲『竹富島誌　民話・民俗篇』に収録している（44-45頁）。なお、上勢頭はこの伝説を含めて竹富島の鍛冶伝承について考察している（「竹富島の鍛冶伝承」『沖縄文化研究』9、法政大学沖縄文化研究所、1982年、64-103頁）。

16）先島諸島に鉄器ならびに製鉄技術が伝来したことが先島の各島々の生産力を高め、それがそれぞれの島での政治社会の形成につながった。そうした政治社会の成立と政治勢力の台頭がやがて先島諸島の島々を「群雄割拠」の時代へと導いていくのである。したがって、鍛冶伝承の残る御嶽は、伝承それ自体は伝説かもしれないが、島社会が大きく変貌を遂げる過程を表していると考えられるのである。鍛冶伝承については、先の下地前掲論文や、上勢頭前掲論文の他にも、次のような文献がある。稲村賢敷「鍛冶の伝来と天太の時代」『宮古島庶民史』三一書房、1972年、148-157頁。司馬遼太郎『街道をゆく6　沖縄・先島への道』朝日新聞出版、2008年、122-130頁。

17）前掲『球陽』108頁。なお、稲村賢敷編、前掲書『宮古島旧記』の「比屋地御嶽」の項で、稲村は比屋地御嶽の主神が「あからともがに」と称する神で、久米島から渡来した兄弟神の兄神にあたり、弟神が八重山島に渡って於茂登嶽の神となったとする別伝を紹介している。稲村編、前掲書、85頁。

18）『慶来慶田城由来記』については、石垣市総務部市史編集室編『石垣市史叢書　1』に全文が収録されており、本書もそれにしたがっている。石垣市総務部市史編集室編、『石垣市史叢書　1』1991年、2-24頁。

19）同前、2頁。

第3章　八重山諸島　*41*

20）同前、2-5頁。

21）慶来慶田城用庶については、この他に、岩崎卓爾が、用庶が「自然の巨童」にして「身幹長大、精悍無隻ノ勇士ナリ」であったことや与那国島の鬼虎攻めに参加したことといった伝承を収録している。前掲『岩崎卓爾一巻全集』53-54頁。

22）前掲『球陽』147頁。なお、オヤケアカハチの乱については、次の文献を参照。伊波普猷「仲宗根豊見親の苦衷」『古琉球』（『伊波普猷全集　第1巻』1974年、所収）、214-227頁。三木健「近代八重山におけるアカハチ観の形成―英雄と逆賊からの超克―」『八重山近代史の諸相』文嶺社、1992年、115-134頁。崎山直「オヤケ・アカハチ―その虚像と実像―」『青い海』春季号、1975年、91-97頁。宮城信勇「オヤケ・アカハチ、ホンガワラは同一人の呼称」八重山文化研究会『八重山文化論集』第2号、1980年、113-126頁。牧野清「南島中世史の研究―とくに宮古、八重山両島の高唱をめぐって―」南島史学会編『南島―その歴史と文化―3』第一書房、1980年、所収、65-100頁。石垣博孝「八重山・離島苦の島々―オヤケアカハチの乱を中心に―」谷川健一（著者代表）『海と列島文化　第6巻　琉球弧の世界』小学館、1992年、所収、532-554頁。大濱永亘『オヤケアカハチ・ホンカワラの乱と山陽姓一門の人々』先島文化研究所、2006年。

23）オヤケアカハチの乱については、オヤケアカハチとホンガワラの2人が首謀者であるとの記録があるが、ホンガワラはアカハチとは別の人名ではなく称号に過ぎないという見解もある。これについては、宮城前掲論文を参照。

24）前掲『球陽』147-148頁。

25）前掲『岩崎卓爾一巻全集』23頁。

26）明底獅子嘉殿については、『球陽』に、「此の人、性質篤実にして心操忠義なり。敢へて妄りには行はず」「克く忠誠を守りて赤蜂等に従はず」と記されている。前掲『球陽』148-149頁。

27）稲村、前掲書、215頁。

28）前掲『球陽』147頁。

29）前掲『岩崎卓爾一巻全集』26頁。

30）前掲『球陽』149頁。

31）同前。

32）同前、150頁。

33）同前、148頁。

34）前掲『慶来慶田城由来記』2頁。

35）前掲『球陽』149頁。

36）同前、158頁。

37）西塘については、『球陽』に次のように記されている（前掲『球陽』、158頁）。

八重山武富島に西塘なる者有り。其の人となりや、賦性俊秀にして器量非凡な
　　　り。中山の大里等、其の才の衆に出づるを以て、遂に此の人を帯びて中山に回り
　　　到り、即ち西塘をして法司家に供奉せしむ。

　この記述にしたがえば、西塘は才能を見出された結果として首里に赴いたことにな
る。
　一方、『琉球国由来記』の「国仲御嶽」の由来を記した項には次のように記されて
いる（前掲『琉球国由来記』494頁）。

　　　　昔当島へ悪鬼納ガナシヨリ御征伐ノ時、竹富島にニシタウト云者召取ラレ、
　　　悪鬼納ガナシヘ罷登リケル。

　この記述にある「召取ラレ」という表現を重視すると、西塘は、文字どおり、王府
軍に召し取られて捕虜として首里に連れて行かれたということになる。この見解を示
したのが西里喜行である（西里、前掲論文）。なお、前掲『星砂の島』西塘特集号で
は、両者の見解をめぐる議論が掲載されている。
38）前掲『球陽』158頁。
39）同前。前掲『琉球国由来記』494-495頁。
40）同前『球陽』158-159頁。同前『琉球国由来記』498-499頁。
41）前掲『岩崎卓爾一巻全集』57頁。
42）同前、18頁。
43）牧野、前掲「南島中世史の研究」89頁。
44）崎山、前掲論文、96頁。
45）稲村、前掲書、214頁。
46）例えば、牧野、前掲「南島中世史の研究」85頁。

第4章

宮里栄輝に関する覚書

はじめに

　宮里栄輝は、1898年3月2日、真和志間切与儀に生まれた。栄輝は、1984年1月10日、85年の生涯を閉じるが、その生涯は常に沖縄とともに歩んだ人生であった。本章は、栄輝について、とくに沖縄人連盟時代の活動を中心に、回顧談等に基づいてまとめる。

1．沖縄県立図書館

　1917年、沖縄県立第一中学校（現在の首里高校）を卒業した栄輝は、同年9月、第五高等学校（現在の熊本大学）に入学したが、しばらくして、第一高等学校（現在の東京大学）を受験するために同校を中退した[1]。しかし、一高受験に失敗し、その後しばらく東京にいたが、1918年、沖縄に帰郷した。

　帰郷後、しばらくして栄輝が真和志村出身の県会議員の紹介で半年ほど県学務課に勤務していた時、又吉康和を通じて、当時、沖縄県立図書館の館長であった伊波普猷から誘いを受け、1924年5月、県立図書館に司書として勤務す

ることとなり、以後、1940年に辞職するまでその職にあった[2]。栄輝の県立図
書館在職中、館長は伊波普猷、真境名安興、島袋全発と3代にわたったが、い
ずれも「沖縄学」の先覚者として著名な人々であった。この頃の県立図書館は
沖縄の歴史研究における中心であった。栄輝自身も「館長室は、郷土資料室で
もあったんですが、いろんな学者がよく出入りして、当時の沖縄では最高の知
識人の集まるところでしたね」と語っている[3]。栄輝にとって、このように知
的環境に恵まれた県立図書館勤務時代は、沖縄に対する歴史認識を形成するう
えで非常に重要な時期となったと考えられる。

　県立図書館在職中、栄輝は沖縄研究において2つの代表的な業績を残してい
る。一つは、1929年10月、『球陽』の校訂、発行である。『球陽』は『中山世
鑑』『中山世譜』とならんで沖縄の歴史研究における重要な基本史料である。
発行にあたり、栄輝は真境名安興に序文を依頼し、真境名はこれに応えて「沖
縄の修史と球陽の編纂について」と題する文章を寄せた。その中で、真境名は、
当時、四種の異本があった『球陽』を校訂した栄輝の業績について、「同君は
是等を校合して正誤増補し、更に不明な個所は一々尚家の秘蔵本について増訂
したやうであるが、琉球の国民史とも云ふべき球陽が、稍々完全に近いものに
整理され沖縄の歴史に新分野を開いた訳である」[4]と記し、高く評価した。も
う一つは、1937年7月、伊波普猷還暦記念論文集『南島論叢』における「琉球
古来の土地反別法」と題する論文の発表である。この論文については、栄輝自
身、「私は大家の伊波先生、真境名さん、東恩納さんの3名で沖縄の研究はお
しまい、と思ってはいましたが、そういう大家が研究していないものだから、
これはちょっと面白いぞと思ってやったんです。東恩納さんがベタぼめしてく
れました」[5]と語っているとおり、栄輝にとっては会心の作であった。

　また、この間、栄輝は沖縄の歴史を直接に肌で感じるまたとない貴重な経験
をいくつかしている[6]。一つは、「玉城朝薫二百年祭」である。主催は真境名
安興を会長とする沖縄（県）郷土研究会で、栄輝は同研究会の幹事役を務めて
いた。真境名安興を中心に発案されたこの「玉城朝薫二百年祭」は1933年3
月12日から4日間にわたって開催され、首里城内漏刻門前での朝薫碑の除幕式
や慰霊祭、座談会などが行われた。栄輝は、真境名安興が読み上げる予定で

あった祭文を、真境名が病気欠席であったため代読している。なお、3月13日から3日間、那覇の大正劇場で組踊を含む演劇大会が開催され、「昭和の冠船踊」として大変な人気を博したという。もう一つは、久米村で発見された『歴代宝案』の県立図書館への移管である。栄輝は回顧談の中で、この『歴代宝案』の県立図書館への移管を「感激の一場面」[7] であったとして詳しく語っている。『歴代宝案』は琉球王国時代の外交文書集であるが、元来、『歴代宝案』は琉球王府と久米村にそれぞれ一部ずつ保管されていた。

しかし、王府保管のものは1897年のいわゆる琉球処分の際に東京に持ち去られ、その後、関東大震災で焼失したために、久米村保管のものが唯一となっていた。その久米村天尊廟保管の『歴代宝案』を、1931年の末、当時、那覇商業学校の中国語教師であった仲本英昭が発見した。1932年、そのことを仲本から聞いた東恩納寛惇が天尊廟管理人の名嘉山大昌と交渉して『歴代宝案』に目を通して以降、鎌倉芳太郎、島袋全発など多くの研究者が閲覧を求めるようになった。このような状況を受けて、久米崇聖会や久米村の有志は『歴代宝案』の県立図書館への移管を決定した。こうして、『歴代宝案』は、1933年11月15日、正式に県立図書館に引き継がれたが、その際、栄輝は県立図書館司書として移管に立ち会ったわけである。

2．終　戦

1940年7月、栄輝は県立図書館司書の職を辞した[8]。その後、1941年9月、栄輝は私立開南中学校の講師となり、九州に疎開するまでの間、英語と歴史を教授した。当時の校長は志喜屋孝信であった。この頃、校長をはじめ教職員が国民服を着、国民帽をかぶって通勤する時代状況の中、栄輝一人は普通の背広を着、鳥打帽をかぶって通勤した[9]。栄輝は、回顧談の中で、自分が敗戦論者であり、同僚からも戦争に対する悲観論の大将と呼ばれて、酒を飲むと敗ける話ばかりしていたと語り、今でも戦争には反対であると語っている[10]。栄輝の通勤スタイルはそのような栄輝の反戦的立場を形として表したものであった。

さて、1944年10月10日の那覇大空襲により自宅を消失した栄輝は、1945年2月15日、熊本県鹿本郡に疎開した。その後、沖縄では、同年3月26日、慶良間諸島に米軍が上陸し、沖縄戦が始まった。4月1日、沖縄本島に上陸した米軍はいわゆる「ニミッツ布告」を発布して南西諸島を日本の行政権から切り離すとともに、4月5日には読谷村比謝に軍政府を設立した。6月23日、日本軍の組織的抵抗が終わり、沖縄は米軍の統治下に置かれた。

米軍によって沖縄で民政機構が設立されようとしていた1945年8月15日、日本はポツダム宣言を受諾し、連合国に対して無条件降伏した。その前日、疎開先で「明日、重大放送がある」との連絡を受けた栄輝は、このいわゆる「玉音放送」について、「ああ、これは戦争に敗けたということだと思いましたね。私は早く敗けて、早く終わればよいと思っていました（笑）。あしたで終わりだなと晴々とした気分でした」[11] と語っている。栄輝が「晴々とした気分」と表現したのは、自分の命が助かったからというのが理由ではなかった。栄輝が、「私なんかはすぐ助かったというよりかはね、沖縄は解放されたという喜びが先に立ちましたね。自分の身の上がどうなるかというよりか、沖縄がよくなったというようなことがまっ先に頭にきましたね」[12] と語っているように、沖縄が解放されたという思いが栄輝の気分を晴々とさせた理由であった。この点については、栄輝の沖縄に対する歴史認識が反映していた。栄輝は次のように語っている。

　　私などは、歴史の勉強をしていましたから、歴史をとおしてくり返されてきた沖縄人の、虐げられてきたものが解放されるという希望をもちましたね。私は各地をまわって、このことを話しました。沖縄の歴史は虐げられた歴史だった。こんどの戦争は沖縄を犠牲にした戦争だった。これからは解放されて、沖縄んちゅとしての新しい出発をするんだ、と [13]。

栄輝は沖縄人疎開者のいる寺に行き、「重大放送」について「放送を聞いて、声を出したり、そこで咄嗟に何かさけんだりしないようにしてくれ、聞いてそのまま黙っておいてくれ」と言ってまわった。「沖縄んちゅは、もう万々才々と叫びだすのではないか（笑）と、心配だった」[14] というのがその理由であっ

た。1945年12月9日、沖縄人連盟（後述）の主催で「引揚民救済沖縄県人大会」が開催されたとき、栄輝は、熊本で栄輝の隣村に疎開していた沖縄人で、後に栄輝と沖縄人連盟九州本部の設立に関わった国吉真哲とともに、大会に出席するために上京した。その際、栄輝は比嘉春潮の家に住んでいた伊波普猷を訪ねたが、そのときのことについて、「そこで色んな話をしましてね。とにかくもう戦争が敗けたことを二人で喜んで夜通し飲んだんです。これでもう本当に沖縄が解放された、という感じでしたね」[15] と語っている。

　栄輝にとって、日本の敗戦はそのまま沖縄の解放を意味するものであった。国吉真哲は、終戦を知って栄輝を訪ねたときのエピソードとして、栄輝が「ウムッサンヤー（おもしろいね）」と方言で言ったことを紹介している[16]。栄輝は、その日、国吉に加えて源武雄を呼び、夜の7時頃まで話をした。そこで、本土に疎開していた沖縄人の帰還実現を目的として県人会をつくろうということになり、組織の会則などを作成して連絡したという。栄輝は熊本の県人会代表として、宮崎、大分、福岡の各県人会代表と上京し、沖縄人の早期帰還の実現を求める陳情書を政府に提出した。沖縄人連盟設立の動きがあることを栄輝が知ったのはこのときであった。

3．沖縄人連盟九州本部

　1945年11月11日、沖縄人連盟の創立大会が、東京の丸ビル6階の沖縄県事務所で開催された[17]。発起人は伊波普猷、大浜信泉、比屋根安定、比嘉春潮、永丘智太郎の5名であった[18]。創立大会では、役員選挙の実施とともに、マッカーサー司令部に対して次のような内容の請願書を提出することが決議された。

　　1．日本本土に在る沖縄からの避難民及南方からの引揚民にして日本本
　　　土内に扶養義務を有たぬ老幼婦女子が速やかに彼等の郷土に帰れる様取
　　　計って頂きたい。

2．沖縄及南洋布哇等との通信連絡、送金、救援物資の送附等を格別の
御配慮により許可ありたし。
　　3．沖縄在生存者の安否及び軍閥の暴虐行為の真相を調査し帰来後日本
人民に報告するため連盟より選抜したる派遣員の渡航を許可相成たし[19]。

　続く12月9日、沖縄人連盟の主催により東京の神田教育会館において「引揚
民救済沖縄県人大会」が開催された。大会開催の案内を報じた沖縄人連盟の機
関紙『自由沖縄』（第1号）には次のように記されている。

　　戦争の惨禍を一番大きく受けたのはわが沖縄だ。大東亜戦争は沖縄の犠牲に
　おいて終わったといっても過言ではあるまい。故郷を失ひ寄辺なき疎開児童、
　僅かな身廻り品しか持って来なかった疎開者、遥々徴用されて来た女子挺身隊
　や徴用工、外地引揚民と復員兵士の身を思ふ時、われわれの血は涌き肉は踊る
　のだ。誰が一体此の責任を負ふのだ。政府は国内戦災者や外地在住同胞のこと
　は問題にしても沖縄のことには極力触れまいとしてゐる。議会も沖縄問題には
　関心を示してゐない[20]。

　九州における沖縄人疎開者の早期帰還実現を陳情するために、熊本の沖縄県
人会会長として上京した栄輝が、発起人の一人に伊波普猷がおり、同じく本土
在住沖縄人の早期帰還実現を掲げ、戦争認識も共通していた沖縄人連盟から
「九州は君、ひとつ責任をもってやってくれ」と誘われたとき、「県人会なんか
では、とてもこれからの問題は解決できんよ」と言われているような感じを受
けたのは自然であった[21]。
　熊本に帰った栄輝は沖縄県人会とは別に沖縄人連盟九州本部を作る工作を始
めた。1946年5月26日、熊本市五福国民学校講堂で全九州沖縄人大会が開催さ
れた[22]。熊本、宮崎、大分、鹿児島、北九州の各県人団体代表と1000名余り
の参加者を得て、沖縄人連盟九州本部は「侵略戦争のためさんざんな目にあは
された九州にゐる七萬同胞を救ふためたちあがった」[23]。栄輝は沖縄人連盟九
州本部会長に、推薦の上、選ばれた。栄輝は挨拶の中で、「三百数十年の長い
政治的経済的の社会的圧迫から解放される時機が来ました。沖縄人は今立ち上ら

なければ遂に立ち上る時機はないのであります」「本日は沖縄人連盟九州本部が結成され連盟の旗印の下に七萬同胞が団結して沖縄の再建と沖縄人の生活確保に向って強力民大衆運動を展開せむとする歴史的の日であります。諸君の鉄の如き団結を切望して止みません」[24] などと述べている。また、大会では沖縄民政府に宛てた沖縄方言による「沖縄同胞に送るメッセージ」[25] が披露された。「沖縄や大和の無理な戦引起ちやる為に浅間しい形になやびたん。(沖縄は、日本が無謀な戦争を引き起こしたために、無残な形になってしまいました)」という文章で始まるこのメッセージが披露されたとき、会場はシンとして静まり、人々の目には涙が浮かんでいたという。この方言メッセージについては、栄輝が文案を考えたということであるが、先の挨拶とともに、いずれも栄輝の沖縄に対する歴史認識が反映されたものということができるであろう。

　沖縄人連盟九州本部の結成から3か月後、マッカーサー司令部の命令により、いよいよ九州在住の沖縄人疎開者の帰還が実現する運びとなった。熊本県下では、8月15日、最初に人吉市に疎開していた372名が佐世保港から出帆することとなった[26]。栄輝は帰還実現を受けて、機関紙『自由沖縄(九州版)』に「帰還に臨みて」[27] と題する文章を寄せた。「帰還の日は遂に来た。窮乏と孤独に明け暮れた二年を只帰郷に望みをつないで生き抜いて来たその帰郷の日が遂に来た」で始まる文章において、栄輝は帰還にあたって留意すべき点を2つあげた。第1に、「飛ぶ鳥、跡を濁さず」という心構え。「二年に亘る地元官民の処遇に対し吾々は出来る限りこれを過大評価して守礼の邦の面目を失しないことが望ましい。これは延いて残留同胞に対する徳義でもある」。第2に、帰郷の心構え。「帰ったら楽な生活が待ってゐると思ったら屹度失望するであらう。廃墟の中から雄々しく起き上がって貧しき中にも郷土再建に敢闘を続けてゐる同胞の辛苦を最大限度に評価して同甘共苦の真情に徹しなければならないと思う。謙虚にして再建の熱情のみが帰還者の生きる途であらう。」

　そして、最後に次のような文章で締めくくった、

　　　自由と平和と文化と徳義を愛する沖縄人よ、沖縄民族解放と郷土沖縄建設の意気高らかに相携へてこの歴史的帰還の途につかん。

こうして、栄輝自身も、1946年11月、沖縄に帰還した。

4．沖縄の帰属問題

　1945年4月1日、いわゆる「ニミッツ布告」によって沖縄が日本の行政権から切り離されてから、1951年9月8日、対日講和条約が調印されるまでの間、沖縄の帰属は不明確なままに置かれていた。戦後沖縄政治史は復帰運動の展開を大きな特徴とするが、この時期、沖縄の帰属問題については日本復帰を含めて様々な選択肢が考えられていた。1947年に沖縄本島で結成された政党の見解を例に挙げるならば、仲宗根源和を代表とする沖縄民主同盟は独立、大宜味朝徳を代表とする社会党は米国による信託統治、そして瀬長亀次郎を代表とする沖縄人民党は、1950年の沖縄群島知事選挙以降、はっきりと復帰を掲げた。

　では、沖縄の帰属問題に対する栄輝の考えはどのようなものであったであろうか。国吉真哲は、栄輝が「独立論よりは中国についたらどうか」と話したことがあり、「歴史的に観て中国は琉球を礼をもって遇していたし」[28]と語っていたことを紹介し、「宮里さんは野坂参三の延安引揚げなどで新生中国の息吹というのは分かっているし、それに沖縄史をやっておられるので、昔の冊封使関係からも中国が浮んだのではないですか。中国は沖縄を大事にしたわけですが……」[29]と語っている。

　栄輝は、前述した5月26日の全九州沖縄人大会で行った挨拶の中で、次のように述べている。

　　マッカーサー司令部の日本政府への指令によると、北緯30度以南の琉球諸島は日本の版図外と決し、日本政府の行政権が及ばないようになりました。この事は言ふ迄もなく将来沖縄が如何なる国に帰属し如何なる政治形態において統治されるかは講和会議で最終的決定をされるに違ひありませぬが、米国の信託統治制が布かれるであらうことは略々決定的と見てよいと思ひます。吾々が好むと好まざるとに拘らず明日の沖縄が日本の手を離れるといふ事は既定の事実であります。日本政府が本土沖縄人を非日本人として取扱ふ様になりつつある

のも当然の事と云はねばなりません[30]。

　1946年2月24日、日本共産党は第5回党大会で決議された「沖縄民族の独立を祝うメッセージ」[31] を沖縄人連盟宛てに送った。栄輝はこのメッセージについて「あれは一番感激でしたね」と回顧し、「皆な、ヤマトゥなんか問題にしないというような。ほんとうにあのころは日本はもうダメだと思いました。あちこちから賠償金もとられるだろうし、これはもう何十年も日本はダメだろう」と思ったと語っている[32]。

　沖縄の帰属問題に関する栄輝の考えが、はたして中国帰属であったか、米国の信託統治であったか、あるいは沖縄独立にあったか、はたまた日本復帰であったか、どれか一つにしぼって断定することは困難であるが、この点、栄輝自身が語った言葉によってまとめておくことにしたい。

　　ひとつだけ話しておきたいことがあります。私は戦後2代目の真和志村長になったのですが、そのときに本土の国会議員の代表がはじめてきました。53年ですか。そのときは、屋良朝苗さんが教職員会長で、生徒に旗をもたせて歓迎したんです。私は飛行場に迎えに行った。私のほかには又吉という浦添の村長だけでした。みんな「日本」を敬遠する素振りをする。
　　私たちは、これはいい機会だから、沖縄をよく見てもらおうと考えた。日本ぎらいになっていたのに、また日本びいきにならんといかんようになってね（笑）。アメリカの沖縄解放を批判できるのは「日本」しかないと考えるようになっていたのです。
　　結局、民主化という考えかたを、沖縄に、あるいは小さく真和志村において実践しようということで考えてきています。今から考えてみても、その点は一貫していると思います。そのことが具体的な現実とのふれあいのなかで、「独立」となったり、「復帰」となったりしたのであって、私たちの考え方がふらふらだったのではないということです[34]。

52

おわりに

　沖縄人連盟九州本部での活動を成功させ、意気揚揚と沖縄に帰還した栄輝を待っていたのは沖縄の置かれた厳しい現実であった。沖縄人連盟の雰囲気をそのまま持って帰ってきた栄輝は「それがとんでもない誤算だった」[35] ことに気づかされた。栄輝は次のように語っている。

　　沖縄人連盟の考え方というものは、沖縄に帰ってきたらすっかり変わり、おくびにも出せない感じでしたね。情勢はまるでまったく反対で、とんでもない所にとびこんできたような感じがしました。民主化の反対の方向にすすんでいる。とても、沖縄独立論というようなことではないという感じでした。だから、「民主化」ということにしぼって活動しました[36]。

　沖縄帰郷後の栄輝の人生は「帰還に臨みて」で記した「帰郷の心構え」のとおりであった。栄輝を待っていたのは決して「楽な生活」ではなかった。それどころではなく、沖縄を取り巻く厳しい現実であった。栄輝は、この厳しい現実に直面したとき、郷土沖縄を再建するために起ち上がった。沖縄建設懇談会の呼びかけに始まる栄輝の活動は、やがて政治の世界へと移っていく。以下、年表風に記して結びとする[37]。1948年2月、真和志村村長選挙に出馬して翁長助静に敗れたが、その直後の村議会議員選挙に出馬して当選。1950年9月、真和志村村長選挙に再度出馬し、翁長助静に逆転勝利。在任中の1953年、真和志村の市への昇格に伴い初代の真和志市長に就任。1954年9月、翁長助静と真和志市長選挙を戦って敗れはしたが、1956年3月には立法院議員に当選。1961年12月、沖縄社会大衆党を中心とする初の革新統一候補として那覇市長選挙に立候補するが、西銘順治に敗れ、これを機に政界を引退する。

【註】
1 ）五高中退の「真相」については、宮里一夫『〈ウチナー〉見果てぬ夢―宮里栄輝とその時代―』ボーダーインク、1994年、31-37頁。
2 ）新崎盛暉編『沖縄現代史への証言』（下）「明治・大正・昭和の社会相　宮里栄輝氏

に聞く」沖縄タイムス社、1982年、53頁。以下「社会相」と略す。

3）「宮里栄輝回顧譚(1)―伊波先生の思い出―」『沖縄思潮』創刊号、1974年、59頁。以下、「回顧譚(1)」と略す。

4）真境名安興『真境名安興全集』（第3巻）琉球新報社、1993年、367頁。

5）「宮里栄輝回顧譚(2)―昭和初期から開戦前まで―」『沖縄思潮』第2号、1974年、103頁。以下「回顧譚(2)」と略す。

6）この点については、「回顧譚(2)」を参照。

7）同前、100頁。

8）栄輝が図書館司書の職を辞した理由については、宮里一夫、前掲書、83-89頁。

9）前掲「社会相」57頁。

10）同前、57-58頁。

11）「宮里栄輝回顧譚(3)―疎開・敗戦・帰沖―」『沖縄思潮』第4号、1974年、73頁。以下「回顧譚(3)」と略す。

12）前掲「社会相」58-59頁。

13）前掲「回顧譚(3)」75頁。

14）同前、74頁。

15）「〈座談会〉伊波普猷と現代―その今日的意義を考える―」『新沖縄文学』第31号、1976年、29頁。なお、栄輝は同様のエピソードを前掲「回顧譚(1)」（59頁）でも語っている。

16）新崎盛暉編『沖縄現代史への証言』（上）「初期社会主義者と芸術家たち　国吉真哲氏に聞く」、縄タイムス社、1982年、200頁。以下「初期社会主義者」と略す。

17）「沖縄人連盟創立経過」『自由沖縄』第1号、2頁。『縮刷版　沖縄新民報』（第2巻）、不二出版、2000年、所収。

18）詳細は、比嘉春潮『沖縄の歳月　自伝的回想から』中央公論社、1978年、204-206頁参照。

19）前掲『自由沖縄』第1号、1頁。

20）同前、1頁。

21）前掲「社会相」、60頁。

22）『自由沖縄（九州版)』第1号、1頁『縮刷版　沖縄新民報』（第2巻）不二出版、2000年、所収。

23）同前、1頁。

24）同前、1頁。

25）全文については、同前、2頁。なお、次の文献にも全文が収録されている。中野好夫編『戦後資料沖縄』日本評論社、1969年、6-7頁。

26）『自由沖縄（九州版)』第6号、1頁。『縮刷版　沖縄新民報』（第2巻）不二出版、2000年、所収。

27）同前、1頁。

28）前掲「初期社会主義者」202頁。

29）同前、205頁。

30）前掲『自由沖縄（九州版）』第1号、1頁。

31）全文については、中野編、前掲書、6頁。

32）前掲、「回顧譚(3)」75頁。

33）同前、75頁。

34）同前、78頁。

35）同前、76頁。

36）同前、77頁。

37）記述にあたっては、宮里一夫、前掲書「年譜」229-232頁参照。

第5章

戦後沖縄の政治と沖縄社会大衆党

はじめに

　「戦後沖縄の独自性」は、（戦後沖縄の政治が）「米軍支配下（統治下）の歴史を持ち、日本（本土）から分離されてきた事実」にあり、「その米軍の支配・統治に対立・拮抗し住民の反抗闘争（復帰運動）が展開されてきたこと」に求められる[1]。本章で取り上げる沖縄社会大衆党（以下、社大党）はそのような「戦後沖縄の独自性」を反映した政党である。結党以来、社大党は土着政党、復帰政党、あるいは地域政党とも呼ばれてきたが、その呼称自体に「戦後沖縄の独自性」が反映している。第1に、土着政党について。戦後沖縄における政党の起源は、1947年6月15日の沖縄民主同盟の結成にまでさかのぼることができるが、社大党をはじめ、米軍統治時代に結成されたほとんどすべての政党は、沖縄が本土から分離されていたために、本土政党とのつながりを持たない沖縄土着の政党であった。第2に、復帰政党について。戦後沖縄の歴史は復帰運動の歴史であった。独立論を掲げる政党（沖縄民主同盟、後の共和党）や信託統治論を主張する政党（社会党、ただし、後の日本社会党沖縄県連本部とは別）があるなかで、社大党は、結党以来、一貫して日本復帰論を掲げ、同じく日本復帰論を主張していた沖縄人民党（後の日本共産党沖縄県委員会）とともに復帰運動の中核を担ってきた[2]。第3に、地域政党について。1972年5

月15日、沖縄の日本復帰が実現した。沖縄の諸政党の本土政党との系列化は復帰前の1970年頃から始まっていたが、復帰を契機にほとんどの政党が本土政党との系列化を進めていった。そのような中で、唯一、本土政党との系列化を拒否した政党が社大党であった。後述するとおり、社大党の中にも本土政党（具体的には日本社会党や民社党）との系列化を求める声がなかったわけではなかったが、復帰直前の1972年4月26日に開かれた第26回党大会において、実現した日本復帰が沖縄県民の要求あるいは意思を反映していないとの判断から、社大党は復帰後の党存続と本土政党との系列化拒否を正式に決定した。以後、社大党は、今日に至るまで、沖縄県那覇市に「本部」を置く沖縄の地域政党であり続けている。

　元社大党書記長で、元沖縄県議会議長でもあった知花英夫は、復帰後の社大党について以下のように簡潔にまとめている。

　　社大党は沖縄県民の党である。沖縄にだけある唯一の政党である。本土と異なる沖縄の歴史的・地理的・文化的風土にあって、沖縄県民の生命と生活を守るために結成されているのが社大党である。[3]

以下、本章では、社大党について整理する作業を通じて、「戦後沖縄の独自性」について概観する。なお、「沖縄」とは地理的には「沖縄本島」を意味するものとし、とくにことわりがない限り「琉球」と同義語として扱うことにする。

1．沖縄社会大衆党の結成

（1）戦後沖縄の政治

　1945年4月1日、沖縄に上陸した米軍は、いわゆる「ニミッツ布告」[4] を発布し、日本の行政権の停止と沖縄における米軍政府（以下、軍政府）の設立を宣言した。軍政府は、4月5日、読谷村比謝に設立され、以後、この軍政府（後、米国民政府[5]）が沖縄統治の主体となった。それから2カ月以上を経た6月23日、日本軍の組織的抵抗が終わった。

第5章　戦後沖縄の政治と沖縄社会大衆党　*57*

　1945年8月15日、日本がポツダム宣言を受諾して連合国軍に無条件降伏したその日、沖縄では軍政府によって行政機構が整備されようとしていた。仮沖縄人諮詢会がそれである。「沖縄の政治、経済、福祉に通暁せる沖縄人として慎重に選定された」[6] 124名の委員から成る同会は、8月20日、15名の委員を選出して沖縄諮詢会として新たに発足した。米軍統治下の沖縄における行政機構は、①沖縄諮詢会（1945-46年）、②沖縄民政府（1946-50年、以下、民政府）、③沖縄群島政府（1950-51年、以下、群島政府）、④臨時中央政府（1951-52年）、⑤琉球政府（1952-72年）と変遷したが、いずれの時代においても米軍が統治の主体であることには変わりがなかった。

　1947年という年は「沖縄の戦後政治史上特筆すべき年」[7] であった。沖縄民主同盟（6月15日結成、以下、民主同盟）、沖縄人民党（7月20日結成、以下、人民党）、沖縄社会党（9月10日結成）、琉球社会党（10月13日結成）が相次いで結成されたからである。なお、沖縄社会党と琉球社会党は10月20日合併し、社会党となった。

　1947年の沖縄における政党結成の背景には、当時の政治状況があった。終戦から2年を経過して、沖縄における民衆の社会生活は安定を取り戻しつつあったとはいえ、依然として厳しい状況が続いていた。1947年1月、民政府が出した「闇取引防止に関する声明書」や、同年12月に民政府知事宛に提出された補給部長の「物資補給についての報告」からは、当時の沖縄社会の荒廃した状況の一端を読み取ることができる[8]。また、占領米軍の実態は必ずしも良いと言えるものではなかった。沖縄に駐屯していた米軍の軍紀は「世界中の他の米駐屯軍のどれよりもわるく」「沖縄は米国陸軍の才能のない者や除者の態のよい掃きだめになっていた」と言われるほどであった[9]。このような状況にあって、軍政府のワトキンス少佐は「軍政府は猫で沖縄は鼠である。猫の許す範囲内しか鼠は遊べない」「講和会議のすむまでは米軍政府の権力は絶対である」などと述べていた[10]。すなわち、民衆は軍政府を直接批判することができな状況に置かれていた。この点については、民政府もまた同様であった。したがって、軍政府の言いなりになっている民政府は「真に民意を代表する機関」とは言えなかったのであり、民衆の民政府批判が高まったのは当然であった。

さらに、民政府が「民政府批判は軍政府批判」として言論の自由を抑圧するようになると、民政府批判は逆により一層激しさを増していった[11]。そして、そのような民政府批判はやがて沖縄における民主主義の実現を求める声となっていった。

　以上のような政治状況を背景に結成された諸政党ではあったが、いずれの政党も十分な組織化が実現しているとは言い難かった[12]。民主同盟は明文化された綱領を持たず、結党から2年経った1949年になっても全島的な組織の確立ができないでいた[13]。また、同党は活動内容の点からも啓蒙団体の域を出るものではなかった[14]。沖縄社会党は党首であった大宜味朝徳の「ワンマン組織」であったが、その大宜味が事務局長を務めた社会党も同様に「大宜味党」とも言うべき個人政党色の強い政党であった。後に日本共産党と系列化することになる人民党も、結党当初は共産主義者のみならず自由主義者や急進的民主主義者なども含む思想的に幅広い党員から成る政党であった[15]。以上のような特徴を持った三政党が沖縄住民の間に根を下ろすことはなかった。

　ところで、これら三政党に共通していた政策理念は沖縄における民主主義の確立であった。そして、民主主義を最も代表するものが知事の公選であった。1948年5月、当時、民政府知事であった志喜屋孝信は軍政府宛に「知事並に民政議員公選促進に関する陳情」[16] を提出したが、「知事公選」は民政府知事以下沖縄住民の切なる願いであった。これに対して、軍政府は知事公選について「その施行時期までの住民の自治能力発揮状況や、議会議員選挙実施の状況やその後の進境を監察した上で行うことになる」[17] と答えていたが、1950年6月、軍政長官のシーツ少将は、民主主義と自治に対する沖縄住民の願望と意志を受けて群島知事と群島議会議員の公選を実施すると布告した[18]。同布告の中で、沖縄における知事選挙は同年9月17日に行うものとされた。そして、この群島知事選挙こそ、社大党の結成に直接つながるものであった。

（2）沖縄社会大衆党の結成

　1950年8月3日、群島知事選挙が告示された。告示前にすでに100人の推薦人の署名を集め、告示後直ちに立候補の届出を行ったのは、民政府工務部長で

あった松岡正保であった。松岡は米国インディアナ州トライステイツ工科大学卒業で英語に堪能であった。松岡が部長を務めていた工務部は民政府全体の予算を上回る巨額の沖縄復興予算を自由に動かしており、民政府内においても独立性が強かったために、その所在地名をとって「大典寺民政府」と呼ばれていた。松岡に続いて立候補したのは琉球農林省総裁であった平良辰雄であった。平良を擁立したのは知事の志喜屋孝信、副知事の又吉康和を中心とする民政府内の反松岡派であった。告示前からいち早く出馬表明をしていた松岡に対抗するために、平良辰雄をはじめ、当間重剛、桃原茂太、比嘉秀平、それに山城篤男を加えた反松岡派の5名が共同戦線を張ることを決定し、数次の会合を重ねるなかで平良擁立で意見の一致をみた。このように、群島知事選挙は、当初、民政府内の対立を濃厚に反映したものとなっていたが[19]、8月13日に開かれた人民党の第4回党大会で書記長の瀬長亀次郎の出馬が決定したことで三つ巴の争いとなった。なお、民主同盟は、当初、独自候補の選出を模索していたが果たせず、諮詢会時代以来党首の地位にあった仲宗根源和が民政府副知事の又吉と対立関係にあったことなどから松岡支持を決定した[20]。社会党は民主同盟にならった。このように、知事選において、人民党を除く二政党は立候補の追認をするにとどまり、自らが選挙戦のイニシアティヴをとることはなかった[21]。

　9月17日、知事選が行われた。当選を果たしたのは、公約で議会政治の確立・経済の自立・自由貿易の促進・輸出産業の育成等を掲げていた平良辰雄であった。平良は15万8,520票を獲得、松岡の6万9,595票、瀬長の1万4,081票に大きく差をつけての平良の圧勝であった[22]。知事選は「政党に対する住民の支持の度合いを群島レベルで測定する最初の機会」[23]となったが、民主同盟と社会党が支持した松岡の敗北や人民党書記長であった瀬長の得票率の低さを考えると、既存の三政党が「住民の間に根をおろして居ない」ことは明らかであった[24]。知事選に続いて9月24日に行われた群島議会議員選挙では、民主同盟が党首の仲宗根をはじめとする4名、人民党が同じく4名の立候補者を出したが、当選したのは人民党の仲里誠吉ただ一人であった[25]。この結果を受けて、民主同盟は解党、その一部は議員当選組で結成した共和党に合流する。社会党はますます大宜味朝徳の個人政党と化していった。人民党のみは選挙結果

について一定の肯定的な評価を行った[26]。沖縄が新党結成を含めた政党再編の時期にあることは明らかであった。

以上のような状況の下で、1950年10月31日、平良群島知事の与党として結成された新党が社大党であった[27]。ただし、新党結成の動きそれ自体は知事選以前から始まっていた。1950年初め頃、旧帝大出身の青年たちを中心に英語の勉強会をやろうということで而立会なるものが結成されていた。リーダーは船越尚武で、メンバーのなかには後に沖縄県知事となる西銘順治もいた。やがて、同会は次第に政治への関心を強めていき、知事公選の風評が立つようになると民主同盟にも人民党にも与しない新党の結成を模索するようになった。1950年7月3日、群島知事公選に関する声明がシーツ軍政長官によって出されると、而立会の新党結成の動きは本格化していった。結党宣言、綱領はリーダーの船越尚武、政策は西銘順治と久場川敬、党則については東江誠忠が、それぞれ草案をまとめていった。党名については、「社会国民党」をはじめ諸案が出される中、「社会民主党」が有力視されるようになったが、池宮城秀意の提案により「社会大衆党」にまとまった[28]。こうして、8月中旬には党名以下、結党宣言、政策、党則等がまとめられていった。

しかし、その時点ですでに知事選が始まっており、立候補者の中で平良辰雄の掲げた政策に共鳴するものを認めていた而立会のメンバーは、新党結成準備を一時中断し、平良を支援することを決定した。前述のとおり、知事選は平良の圧勝に終わった。知事選終了後、新党結成準備が再開されたが、知事選を通じて平良との結びつきを深めていた而立会のメンバーの中から新党を平良群島知事の与党とするべしとの声が上がった。これに対して、リーダーの船越尚武は与党路線ではなく是々非々路線で行くことを主張したが入れられず、与党を持つことの必要性を感じていた平良自身からの要請もあって、新党の与党路線化が決定した。

1950年10月31日、社大党の結党大会が開かれた。1,000人を超える参加者を得て、当日の入党者も500余名を数えた。船越の司会の下、結党宣言、綱領が原案どおりに採択された。党役員として、委員長には平良辰雄、書記長には兼次佐一、そして副書記長には後の社大党委員長で屋良朝苗に続く公選2代目

知事となる平良幸一が選ばれた。その他の主要人事も次々と決定し、ここに社大党が正式に結成された。なお、群島議会議員20名のうち実に15名までが社大党に入党した。こうして、社大党は結成と同時に知事のポストと議会内第一党の地位を手にし、華々しいスタートを切ったのであった。

２．沖縄社会大衆党の性格

　本節では社大党の性格について、結党宣言、綱領等を参考にしながら[29]、①ヒューマニズム政党、②革新政党、③国民政党ということでまとめていきたい。

（1）ヒューマニズム政党

　社大党は結党宣言において「ヒューマニズムを基底」とすると述べ、綱領においてもヒューマニズムの精神に基づく政党であることを示している。また、「党の性格」の第一として、社大党が「ヒューマニズムを基底として正義の実現を図る政党」であり、「ヒューマニズムの精神を基底として活動する」政党であることが挙げられてきた。この「ヒューマニズム」という言葉については、1952年5月4日に開かれた第3回党大会における委員長挨拶の中で、平良辰雄が社会主義と結びつけて説明している[30]。すなわち、平良によれば、ヒューマニズムは人間解放を使命とし、資本主義体制下における経済的搾取の排除と人民大衆の生活権を確立することを課題とするものであり、それはブルジョア層ではなく人民大衆の実践により実現されるものであった。社大党は、①資本主義政策に反対し、②「共産党主義」を排出し、③民主社会主義政策を実践する政党であり、平良によれば、それがヒューマニズムを基盤とする社大党の性格を表していた。

　このように、平良自身はヒューマニズムを社会主義と結びつけて理解していたし、後述するとおり、新党の結党準備段階でも党の性格を明確に社会主義と結びつけ階級政党をうたうことを主張する意見もあった。しかし、一方で「琉球には顕著なる階級的差別は認められない」とする意見も根強く、さらに、社

会主義を掲げて階級政党をうたうことで軍政府の弾圧を受け、新党結成の芽が摘まれることを恐れた船越尚武の現実的な判断もあり、結党宣言と綱領から党のイデオロギー的性格を排除することが決定された[31]。こうして、社大党は社会主義というイデオロギーを抜いての「ヒューマニズム政党」となったのであったが、しかし、まさにそのために党の体質や思想的要素において体系的なものが見いだせない政党であるとも言われるようになった[32]。

　ところで、社大党は、「党の理念」として「左右両極端から生ずる暴力主義、全体主義的政治を排除する」と記してイデオロギー的には中道路線を選択し、ヒューマニズムを文字どおり「人道問題」と結びつけて考えてきた。すなわち、社大党にとって、「人道問題」は「あらゆる問題に優先すべきであって、住民が独占資本優先の政策のために、あるいは外交上のかけひきのために、あるいは党利党略のために不当な犠牲を強いられてはならない」ものであった。とりわけ、「外交上のかけひきのために」という表現は、戦後、日米両国間でまさに「外交上のかけひきのために」不当な犠牲を強いられ、翻弄され続けている沖縄の独自性を反映したものであると言えよう。前述のとおり、社大党は「ヒューマニズムを基底として正義の実現を図る政党」であったが、「民主主義の精神」を「政治目的が正しいと共にその手段も正しくあること」に求め、その信念のもとに正義を具現することにつとめるとした。したがって、ヒューマニズムは民主主義とより密接に結びついた概念となったということができるであろう。

　(2) 革新政党

　結党宣言によれば、社大党は「住民大衆の福祉を希望しつつ時代の要請する革新的政策を具現する政党」であった。そして、この部分が「社大党の基本的性格を最も的確に表現している語句」であるとされる[33]。「時代の要請する」という部分については、「時代（と環境）によって政策を変更する弾力性のある政党」への志向を示すものであるとされ、事実、社大党は時代の要請に応じて保守勢力と提携したり、あるいは人民党や沖縄社会党（1958年2月16日結成、後の日本社会党沖縄県本部、以下、「社会党」）と「革新共闘体制」を築い

たりして「左右へのゆれ」を示すことになる[34]。「革新的政策」については、結党準備段階で新党のイデオロギー的性格が排除されたときに、「とにかく革新的な政策を実践していく大衆的な政党と打ち出すのが現状からみて妥当」という船越の判断によって取り入れられたものであった[35]。

　社大党は、次節に見るとおり、沖縄の帰属に関して日本復帰を掲げたいわゆる復帰政党であったが、1960年代に復帰に関する主張がそれまでの穏健な対米姿勢から左傾化し、復帰政策に関して人民党や「社会党」と共闘するようになったと言われる[36]。日本戦後政治史における保革の対立構図であった「55年体制」にあたるものは、沖縄の戦後政治史においては「68年体制」と呼ばれるが[37]、同体制において社大党ははっきりと革新陣営にその位置を占めることとなった。

　米軍統治時代の沖縄における行政府の長は、群島知事を除いて、すべて米軍（あるいは米国）の任命制であったが、1968年2月、当時のアンガー高等弁務官は主席公選の実施を公表し、同年11月、沖縄住民の念願であった琉球政府の主席公選がここにようやく実現する。主席選は保守陣営から立候補した西銘順治と革新陣営の統一候補であった屋良朝苗との一騎打ちとなり、ここに保革の対立構図が成立した。選挙戦を戦うにあたり、社大党は人民党、「社会党」およびその他革新系諸団体と革新共闘会議を結成した。主席選は屋良が当選して革新陣営の勝利に終わったが、その後も社大党は68年体制においてとかくイデオロギー的に対立しがちであった人民党と「社会党」の間にあってバッファー（あるいはボンド、接着剤とも言われる）の役割を果たし、「革新共闘の要」という重要な位置を占め続けることとなった[38]。

（3）国民政党

　社大党は、前述のとおり、琉球には顕著な階級的差別が存在しないという認識と軍政府への配慮から、階級政党ではなく国民政党をめざすことを結党準備段階で決定し、結党宣言において、「（沖縄）住民全体の調和と統合とを実現するための国民的政党」であるべきことをうたった。この点については、日本社会党への入党経験を持っていた西銘順治が、自らが主宰していた沖縄ヘラルド

新聞紙上で、琉球には階級的差別が存在しないという判断は現実を無視したもので誤りであり、新党がはじめから階級政党を否定して国民政党の建前をとることは新党の性格を「ヌエ的なもの」にすると批判するなど反発も強かった[39]。

ここで結党段階での社大党の言う「国民政党」とは沖縄の住民（あるいは、大衆）を基盤とするものであった。結党宣言によれば、沖縄住民の大部分を占めるものが「農民、漁民、中小商工業者、その他一般勤労階級」であった。したがって、社大党の言う「国民政党」とはそれら「農民、漁民、中小商工業者、その他一般勤労階級」に広く訴える政党であるということを意味した。結党宣言や綱領において、社大党は「新琉球の建設」や「全琉的綜合計画経済」を掲げたが、それらもまた社大党の言う「沖縄住民の大部分」の利益を集約するものとして掲げられたのであった。こうして、社大党は自らをそれら「沖縄住民の大部分」の「結合体」であると規定した。

以上、結党宣言や綱領を中心にしながら、①ヒューマニズム政党、②革新政党、③国民政党という観点から社大党の性格を整理してきたが、言うまでもなくそれら3つの性格は相互に密接に関係し合うものであり、いずれか1つで社大党の全体的性格を説明できるものではない。その意味で、これら3つの性格の総合されたものが社大党の性格であると言えるであろう[40]。

3. 沖縄の日本復帰と沖縄社会大衆党

1987年7月16日、「社大党と地域を結ぶ政策研究会」が発足した。同研究会は全体会議と分科会に分かれて調査研究を行い、1988年1月7日、『社大党への提言』と題する第1次答申を提出した[41]。その第3節「党の自画像」では党関係者に対して行ったアンケート調査をもとに社大党に関する分析、評価、および課題がまとめられている。そして、同節の冒頭には、社大党が1950年に「土着政党」として結成され、1960年の第13回党大会で「復帰政党」を名乗り、1972年の復帰を契機とする第26回党大会で「地域政党」の道を選択して現在

に至っていることが記されている。アンケート結果によれば、これまで社大党が実施してきた政策について最も評価の高かったものが復帰政策（44%）と系列化拒否（41%）、すなわち地域政党の選択であった。復帰政策はいうまでもなく、系列化拒否もまた復帰運動の延長線上に位置づけることのできる政策である。こうしたことを踏まえて、以下、復帰運動と社大党との関わりという観点から、社大党について記述を進めていくことにする。ただし、「戦後沖縄の歴史は復帰運動の歴史」と言われるように、復帰運動を取り上げることは沖縄の戦後政治史全体を取り上げることであり、本章のような小論の中のさらに小さい1節の中でカバーできるものではないことは明らかである。そのため、復帰運動そのものを正面から扱うのは別の機会に譲り、復帰運動に関する本節での記述は最小限に留めるものとする。

(1) 復帰運動と沖縄社会大衆党

　1962年10月13日、第15回党大会において、社大党は「立党以来祖国復帰を叫び、復帰することを最終目標としてすべての政策を復帰の促進に即応せしめてその実現を図ることを基本信条とすることを綱領で明らかにしている全住民のための政党」であるとして、社大党への理解を求めた[42]。前述のとおり、社大党は群島知事選挙を契機に1950年10月31日に結成された。初代委員長は群島知事に当選した平良辰雄であったが、平良は当時すでに沖縄が日本に復帰すべきであるとの見解を持っていた。しかし、日本復帰論を反米親ソ的とみなす軍政府の手前、選挙運動中にそれを公然と主張するのは好ましくないと考えていた。選挙が終わり、知事に当選するとともに社大党の委員長に就任した平良は復帰政策の立案と実施に取り掛かった。しかし、この段階ではそれは政策と言えるほどのものではなく、大衆運動にとどまるものであった。

　1951年1月31日、社大党常任委員会は日本復帰署名運動を行うことを決定した[43]。この決定は、2月20日の中央委員会の承認を経て、3月18日、第2回党大会において正式に決定された。この時に出された声明書の内容は、琉球人と日本民族は同一民族であり、したがって同一民族が同一の政治体制の下に置かれることは自然の姿であるというものであった[44]。ただし、この時点では、

琉球人が日本民族であるというのは琉球が日本に統合された結果であり、統合の当初は言語、風俗、習慣に「いささか異なるもの」があったとしている。すなわち、それは日本による沖縄への同化政策の展開により、琉球人と日本民族が「民族的に混然一体」となったことを意味していた[45]。

なお、声明書では民族的理由を含めて、歴史、地理、文化、経済の各方面から考察した結果、琉球の日本復帰を要望するとしている。対米的には、当初、社大党は親米的立場をとり、同じく復帰論を掲げながら反米的立場をとった人民党の政策と一線を画した。1951年4月29日、社大党が中心となって人民党も含めた超党派の組織として日本復帰促進期成会が結成された[46]。日本復帰署名運動は同会を中心に1951年5月から7月にかけて行われた。署名運動は沖縄群島に加えて、宮古群島や八重山群島でも実施された。その結果、全有権者の72.1%にあたる19万9,000名余りの署名が集まった。なお、この署名録は対日講和会議における日米両国の全権であったダレスと吉田茂に届けられたが受け入れられることなく、続く対日講和条約第3条の規程により沖縄は日本から切り離されることとなった。

1960年代に入り、復帰運動は新たな段階を迎えた。すなわち、1960年4月28日の沖縄県祖国復帰協議会（以下、復帰協）の結成であった[47]。復帰協は対日講和条約第3条の撤廃を掲げるとともに、復帰に向けての体制作りと復帰を実現させるための団結を呼びかけたが、以後、社大党はこの復帰協を中心に復帰運動を展開することとなった。1960年6月19日、米国大統領アイゼンハワーが沖縄を訪問した際、復帰協はアイゼンハワーに対して復帰請願デモを行った。これに対して、保守派の沖縄自由民主党はこのデモを反米親ソ的であるとして非難するとともに、復帰懇話会を結成して復帰協に対抗した。こうして、復帰運動はますます組織的運動としての性格を強めていった。

社大党自体にとっても、1960年は復帰運動をすすめる上での転機となった。復帰協を中心とする活動に加えて、1960年9月29日、第13回党大会において、社大党は綱領を改正して復帰政党であることを宣言した。すなわち、改正綱領は対日講和条約第3条の拘束から沖縄を解放することを最終目標に掲げ、党の基本信条を「すべての政策を復帰の促進に即応せしめ、その実現を図ること」

とした[48]。以後、社大党は復帰政党として、文字どおり「復帰政策」を展開することとなったのである。

　その後、復帰運動が質的転換を遂げたのが1960年代後半であった。それは具体的には施政権返還運動から反戦反基地運動への転換であった。その背景には、当時日本の首相であった佐藤栄作が沖縄に対して軍事優先政策をとったこと、ベトナム戦争における北爆のために沖縄の嘉手納基地が利用されたことなどがあったが、このことは日本国憲法の平和主義と結びつけられることにより、復帰運動の性格を「日本国憲法のもとへの復帰」といったものへと転換させたのであった。1966年12月10日、社大党は第20回党大会において大会スローガンとして「ベトナム戦争をやめさせ、沖縄の即時復帰をかちとろう」と掲げ、基本政策として基地反対を打ち出し[49]、その後、「即時、無条件、全面撤退」を主張するようになっていくのである。

(2) 系列化問題と沖縄社会大衆党

　1969年11月、佐藤・ニクソン会談において、沖縄の1972年返還が合意された。これを契機に、沖縄自由民主党は本土の自由民主党との系列化を進め、1970年3月8日、自由民主党沖縄県連に移行した。人民党が日本共産党と正式に系列化したのは1973年10月31日であったが、同党は1960年代には日本共産党の方針をほぼ完全に取り入れるようになっており、その意味では事実上の系列化が進んでいたと考えらえる。なお、社会党や公明会（1961年7月結成）については、結党当初から日本社会党や公明党との系列化を射程に入れていた。

　したがって、沖縄の日本復帰が目前に迫り、沖縄の諸政党と系列化が進むにつれて、社大党においても系列化問題が浮上するのは当然であった。とりわけ、社大党の場合、復帰政党として沖縄の日本復帰実現に向けて全力を挙げて取り組んできたという党の歴史があり、さらに、1962年10月13日に開かれた第15回党大会においては党自らが「終局的には日本に復帰するために存在し、そのために闘い、復帰までの政党であるということになりましょう」と述べていた[50]。したがって、復帰実現が決定した以上、復帰後の党の路線問題は避けて通ることのできない問題であった。

1970年1月24日、第24回党大会において、党書記長であった平良幸一は、沖縄の日本復帰が合意されたとは言え、本土の沖縄に対する差別や沖縄の特殊性は依然として残っているとの認識から、「沖縄の立場を主張する特殊な沖縄の政党があってもいい」と主張、こうして党大会では社大党の系列化は否定された[51]。しかしながら、72年の復帰が近づくにつれ、復帰後の党の路線をめぐってさらに党内論議が活発に行われるようになった。このような状況を受けて、社大党は1972年1月8日の中央執行委員会で復帰後の党組織問題を検討することを決定し、党内に「組織問題特別小委員会」（以下、組織小委）を設置した。委員長には、当時、政審会長であった知花英夫が就任した。組織小委は設置後約1カ月で試案をまとめ、2月28日には同試案が中央執行委員会で検討された。組織小委の提出した試案の内容は次のようなものであった[52]。

第1に、「立党の精神と歩み」について。社大党は、1950年の立党以来、とりわけ1960年の第13回党大会における綱領の改正以来、復帰政党として復帰の実現を最終目標として党活動を行ってきた。72年の返還が決定されたことで復帰政党としての任務は達成され、党を解党しなければならないことは「一種の宿命」でさえあるが、党の選択肢としては、①本土政党との系列化、②新たな政治結社の結成、③解党による党員自らの進路選択の3つがある。

第2に、「復帰前後の任務」について。復帰に伴うあらゆる措置が県民の将来に重大な利害を及ぼす可能性があり、「復帰さえすれば後はどうでもよい」というのは復帰政党として責任を果たしたとは言えないのではないか。沖縄は依然として特殊な問題を抱えているが、復帰実現とともに忘れられてしまう危険性があり、したがって、党は復帰後直ちに解党するのではなく、党の任務として当面の県づくりの道を切り開かねばならない。

第3に、「将来への展望」について。党はいつまでも地方政党として存在することを是とし、これを目指すものではない。地方自治を守ると同時に中央政治にも積極的に参加して行くことが、民主主義における権利であるとともに義務でもある。しかし、個人や地方政党の力には自ずと限界があり、したがって、党は思い切って脱皮すべきである。党名が変わっても、社大党精神が残ると考えるならばそれは党の解散ではなく発展である。社大党の支持基盤を考えれば、

具体的には、日本社会党に移行すべきである。この際、大胆、素直そして謙虚にその方向への活動を開始すべき時期にきていると考えるものである。組織小委が出した党の「将来への展望」への結論は社大党の日本社会党への系列化であった。

なお、当日の中央執行委員会にはもう一つの私案が提出されていた。東京での所用のために同委員会に出席できなかった当時の委員長、安里積千代の私案であった[53]。安里は組織小委の結論に対して「本土政治革新の実態を知らない」「政治革新をめざして努力している諸政党の存在を無視した独善的視野に立つものである」と批判した上で、党の解党と解党後の党員自らによる所属政党選択という案を提示した。結局、この日の中央執行委員会では結論は出ず、2月28日の拡大中央委員会に先送りにされた。拡大中央委員会は5時間に及ぶ論議を経て党存続の方針を決定した。そして、それは4月26日に開かれた第26回党大会にかけられ、全会一致で採択された。それにともなって、綱領が改正された。新綱領の内容は「われわれの党は日本国憲法の精神を堅持して、平和で民主的な文化日本国の発展と真の自治沖縄県の確立により豊かな沖縄建設を図ることを信条とする」というものであった[54]。すなわち、社大党は復帰後も沖縄のために活動する地域政党として存続することを決定したのである。

1972年5月15日、沖縄の日本復帰が実現した。日本の47番目の県として沖縄県が誕生した。復帰にあたり、社大党は沖縄の地域政党としての道を選択した。以後、社大党は今日なお沖縄県那覇市に「本部」を置く沖縄の地域政党として活動を続けている。

おわりに

我部政明は社大党について次のように記している。

　　戦後沖縄の主要な政治舞台には、必ずといってよいほど、社大党が登場する。今日でも、そうである。政党と名のつく集団で、政権を狙わないものはない。しかし、社大党は、それぞれの時点において、たとえ矛盾し対立する内容で

あったとしても、沖縄住民が願望することに直接的な形で反応してきたように思える[55]。

　以上から明らかなように、社大党は「戦後沖縄の政治的土壌に生まれた地域性を持った政党」であり、「沖縄の声を拡大、集約する役割を担っていた」政党であった[56]。社大党の内外から社大党が自ら解決しなければならない課題が指摘されているが[57]、やはり地域政党として沖縄における、そして日本における社大党の存在意義は失われていないのではないだろうか。しかし、それは言い換えれば「沖縄の特殊性」が依然として未解決のまま残されていることを意味する。「68年体制」の形成と崩壊について論じた江上能義は「沖縄は米軍基地問題を通して、これからも戦後日本の民主主義を正面から問いつづけていくことになるだろう」と記しているが[58]、米軍基地問題は相変わらず「沖縄の特殊性」の典型例であり続けているのである。

　1985年、社大党は結党35周年を迎えた。その記念誌に「若き党員諸君へ」と題する随想を記した知花英夫は、沖縄から革新王国の面影が失われたのは「72年復帰による諸制度の一体化、諸組織の系列化」が原因であると記すとともに、系列化を拒否した社大党について次のように記した。

　　他の党が日本の政党に系列化され、中央の政策を取り入れていかねばならないのに対し、われわれ社大党はどこからも拘束されることはない。ひたすら沖縄県民の平和と安全、そして豊かな沖縄をつくるということの一点張りでやることができる[61]。

（追記）
　2010年、社大党は結党60周年を迎えた。その記念誌の中で社大党第7代委員長の仲本安一が、日本復帰に伴う社大党の選択肢について、安里積千代が「（社大党は）初めから復帰までの政党で復帰が実現したら解散するべき」という考えであり、同党第3代・第5代委員長で安里とも行動をともにしてきた平良幸一が「最後まで土着を通すべきだ」と考えて「夫婦げんかをして離婚した」

と回顧している[62]。

　現在の社大党にとって最も重要な課題は党勢の回復であろう。現委員長の糸数慶子は、同誌の中で、委員長として「社大党の再生は本当に可能なのか」と悩みながら現在を迎えていると語るとともに、土着政党としての社大党の今後についても自問している[63]。仲本安一は、現在の社大党について「今の社大党は前にも進めない、後ろにも下がれないで、延命しているように周囲に映っているのではないか」と述べるとともに、社大党の今後に向けて道州制に着目し、「道州制を社大党が先頭に立ってやるべきだ」と述べ、「道州制で沖縄の独自制と自主制の可能性を求めるために先頭に立つ」べきことを提言している[64]。

　いずれにしても、第10代委員長の喜納昌春が語っているように[65]、「社大党60年の歴史を記録し、課題をまとめる」といった総括の上に社大党の将来が描かれるであろう。

　社大党の今後に注目したい。

【註】

1）我部政男「序論　国際政治の中の沖縄—沖縄の独自性—」日本国際政治学会編『国際政治』第120号、1999年、5頁。

2）独立論や復帰論を含めて「沖縄の自治」と政党との関係を論じたものとして、鳥山淳「『沖縄の自治』への願望—戦後初期政党関係資料を中心にみる政治意識—」『沖縄県史研究紀要』第4号、1998年、61-80頁。また、信託統治論を含めて独立論を掲げた政党を取り上げたものとして、『新沖縄文学』第53号、沖縄タイムス社、1981年。

3）知花英夫「若き党員諸君へ」『結党35周年記念誌』沖縄社会大衆党、1985年、17頁。

4）正式名称は「米国海軍軍政府布告第1号」である。布告文については、『沖縄県史料　沖縄諮詢会記録』（以下『諮詢会記録』）551-552頁。その他に、中野好夫編『戦後資料沖縄』日本評論社、1969年、9頁。あるいは、琉球政府文教局編『琉球史料』第1集、琉球政府文教局、1988年、2頁。西銘順治編『沖縄大観』（復刻版）日本通信社、1986年、359頁、等にも掲載されている。

5）1950年12月の「琉球列島米国民政府に関する指令」により「琉球列島軍政府」の名称が「琉球列島米国民政府」に改められた。指令文については、中野編、前掲書、55-57頁。あるいは西銘編、前掲書、574-577頁。琉球政府文教局編、前掲書、304-307頁。

6）同前、9頁。

7) 当山正喜「米軍支配めぐり離合集散─復帰で再び保守化傾向」『新沖縄文学』第66号、沖縄タイムス社、1985年、34頁。

8) 琉球政府文教局編、前掲書、187-189頁。例えば、「闇取引防止に関する声明書」には「中には此真摯なる住民の復興努力に背き社会生活と経済生活とを攪乱し多大の社会不安を招来する者あるは真に遺憾の極み」「徳義愈々廃し窃盗、闇取引の如き悪徳行為白昼公然たる有様なり」といったような記述がみえる。また、「物資補給についての報告」の冒頭には「コメの配給がなくなってから彼是一年にもなります」とある。

9) 同前「タイム誌記者の見た占領下4年後の沖縄」256-257頁。あるいは、中野編、前掲書、59-60頁。

10) 1946年4月18日の軍民協議会での発言。『諮詢会記録』493頁。なお、この「猫鼠論」については、軍政府の強圧的な姿勢というよりは、軍政が海軍から陸軍へと移管されることにより、軍政が沖縄に対して高圧的に行われることへの危惧を示したものと解釈されている。この件については、大城正保「解題」8-9頁、『諮詢会記録』。事実、移管後の軍政は、危惧されたとおり、軍政府の高圧的な姿勢が目立つようになっていた。例えば、松岡政保は「軍政府のトップレベルにいた人たちをくらべてみても、陸軍は海軍に見劣りがした」「(海軍は)いずれも大学教授の前歴を持つ学者軍人、沖縄の歴史にも通じ、民情をつとめて理解しようとする柔軟な態度を示した。陸軍は粗野で高圧的だった」と回顧している。松岡政保『波乱と激動の回想　米国の沖縄統治25年』協栄印刷、1972年、83頁。

11) このあたりの事情については、『沖縄の証言（上)』沖縄タイムス社、1971年、196-197頁。

12) 例えば、西銘順治はこの点について、次のように記している。「沖縄に政党が三つある。しかしどの政党も、今のところ活撥な活動をしていない。政党側に言わせると、動けない根本的な理由もあろうが、許された範囲内で、もっと動いてほしい。そのためには党の組織を確立することが、第一であろう。ところが、実際に組織らしい組織をもった政党は殆どない。現存する三つの政党が、その組織を拡大強化しない限り、将来一人一党が多数でてこないとも限らない」。西銘順治『沖縄と私　西銘順治評論集』月刊沖縄社、1961年、86頁。なお、註には、ここでいう「三つの政党」が「社会党、共和党、人民党」と記されているが、この文章が書かれたのが1950年1月11日となっており、この日付が正しい限り、この時点では共和党は結成されていないはずである。

13) 中野編、前掲書、64頁。

14) 同前、64頁。あるいは『沖縄の証言（上)』前掲書、203-204頁。

15) 沖縄人民党史編集刊行委員会編『沖縄人民党の歴史』1985年、60頁。

16) 琉球政府文教局編、前掲書、255-256頁。

第5章　戦後沖縄の政治と沖縄社会大衆党　73

17）同前、256頁。

18）布告文については、中野編、前掲書、55頁。あるいは、西銘編、前掲書、513頁。あるいは沖縄社会大衆党史編纂委員会編『沖縄社会大衆党史』沖縄社会大衆党、1981年、200頁。

19）諮詢会と民政府における内部対立については、当山正喜『沖縄戦後政治史　政治の舞台裏』あき書房、1987年、329-330頁。

20）同前、332頁。

21）例えば、西銘は次のように記している。「松岡氏と言い、四氏連合と言い、いずれも官僚派であって、言わば官僚陣営の対立が、そのまま知事公選にもちこまれたかっこうである。それに追随するかのように、政党陣営が官僚陣の提灯もちの役割を買ってでたことは、全くだらしがない」。西銘、前掲書、88頁。

22）選挙結果については、沖縄戦後選挙史編集委員会編『沖縄戦後選挙史』第2巻、849頁。

23）比嘉幹郎「政党の結成と性格」宮里政玄編『戦後沖縄の政治と法—1945-72年—』、東京大学出版会、1975年、233頁。

24）群島知事選挙の結果を受けて、沖縄タイムス紙（1950年9月22日付）に次のような記事が掲載された。

　　　　民主政治は代議制度であり、必然的に政党政治への発展をみるのである。現在沖縄の政党は住民の間に根をおろして居ない。政党が住民の政治意識を統一し、一定の綱領政策のもとに住民の利益を代表するの組織にまで発達するのはこれからである。恐らく将来は政党を離れては政治を語ることは出来ない時代が来るであろう。そういう時代が早く来るか遅く来るかによって沖縄の民主政治の発達にも遅速が生じてくる（沖縄戦後選挙史編集委員会編『沖縄戦後選挙史』第3巻、271頁）。

25）選挙結果については、沖縄戦後選挙史編集委員会編『沖縄戦後選挙史』第2巻、851-855頁。

26）沖縄人民党史編集委員会編、前掲書、85頁。

27）社大党の結成についてまとまったものとして、沖縄社会大衆党史編纂委員会編、前掲書、5-16頁。および、当山、前掲書、118-130頁。

28）社大党の正式な党名をめぐっては、沖縄社会大衆党史編纂委員会編、前掲書、7頁。

29）結党宣言については、沖縄社会大衆党史編纂委員会編、前掲書、215-217頁。綱領については、同前、218頁。

30）沖縄社会大衆党史編纂委員会編、前掲書、230-231頁。

31）同前、6-7頁。あるいは、西銘、前掲書、91-92頁。

32）比嘉幹郎、前掲論文、256-257頁。

33) 同前、257頁。

34) 同前、257-258頁。

35) 沖縄社会大衆党史編纂委員会編、前掲書、6頁。

36) 比嘉幹郎、前掲論文、263頁。

37)「68年体制」については、江上能義「55年体制の崩壊と沖縄革新県政の行方―『68年体制』の形成と崩壊―」日本政治学会編『年報政治学1996』1996年、173-188頁。同「沖縄の戦後政治における『68年体制』の形成と崩壊」(上)『琉大法学』第57号、1996年、1-22頁。同「沖縄の戦後政治における『68年体制』の形成と崩壊」(下)『琉大法学』第58号、1997年、10-28頁。

38) 江上、前掲論文、日本政治学会編『年報政治学1996』177頁。

39) 西銘、前掲書、91-92頁。

40) 例えば、比嘉幹郎は社大党の性格を「体系的なイデオロギーをもたない、いわば"中道革新的県民党"」と表現している。比嘉幹郎「社会大衆党論」『青い海』第183号、1977年、93頁。なお、同号は社大党の特集号である。

41)『社大党への提言』については、与那嶺義雄編『結党40周年記念シンポジウム パートⅡ 復帰20年沖縄の可能性と土着政党の役割』沖縄社会大衆党、1992年、67-75頁。および、比嘉良彦・原田誠司『地域新時代を拓く 沖縄社会大衆党論』八朔社、1992年、105-117頁も参照のこと。

42) 沖縄社会大衆党史編纂委員会編、前掲書、342頁。

43) 日本復帰署名運動については、沖縄県祖国復帰闘争史編纂委員会編『沖縄県祖国復帰闘争史 資料編』沖縄時事出版、1982年、47-50頁。同前、21-25頁。

44) 声明書の本文については、同前、236-237頁。

45) この点を指摘したものとして、比嘉、前掲書、37-39頁。

46) 日本復帰促進期成会の「趣意書」ならびに「会則」については、沖縄県祖国復帰闘争史編纂委員会編、前掲書、238-240頁。

47) 復帰協については、沖縄県祖国復帰闘争史編纂委員会編、前掲書、を参照のこと。

48) 同前、79-80頁。

49) 同前、157頁。

50) 同前、342頁。

51) 社大党を巡るこのあたりの状況については、同前、112-113頁。

52) 組織小委の試案については、同前、381-387頁。なお、同試案には、党員外で学者など9名の「社大党に対する見方」「中央政党との系列化について」という二つの項目に関する意見が添付されている。

53) 安里私案については、安里積千代「社大党よ何処へ行く」『青い海』前掲書、32-33頁。

第5章　戦後沖縄の政治と沖縄社会大衆党　　75

54) 沖縄社会大衆党史編纂委員会編、前掲書、119頁。

55) 我部政明「戦後沖縄の政治―1950年代の社大党を中心に―」東江平之・宮城悦二郎・保坂廣志編『沖縄を考える　大田昌秀教授退官記念論文集』アドバイザー、1990年、76頁。

56) 同前、76-77頁。

57) 例えば、宇井純「土着政党はどうあるべきか―沖縄社会大衆党への提言―」『新沖縄文学』第87号、沖縄タイムス社、1991年、102-112頁。あるいは、比嘉・原田・前掲書、を参照のこと。

58) 江上、前掲論文、日本政治学会編『年報政治学1996』188頁。

59) 山田達也「『地域政党』の動向」『都市問題』第86巻第7号、1995年、59頁。

60) 同前、60頁。

61) 知花英夫、前掲、18頁。

62) 「結党60周年歴代委員長座談会」『沖縄社会大衆党結党60周年記念誌』沖縄社会大衆党、2011年、45頁。

63) 同前、54頁。

64) 同前、57頁。

65) 同前、58頁。

第6章
沖縄の記憶を語り継ぐ
——石川ジェット機墜落事故——

　1959年6月30日、その事故は起きた。

　午前10時40分頃、沖縄県石川市（現うるま市）の宮森小学校の校舎に米空軍のノースアメリカンF100Dジェット戦闘機が墜落し、炎上した。事故当時、宮森小学校では2時間目が終了した後のミルク給食の時間であったが、そこに整備不良が原因で操縦不能となった米軍機が突っ込んだのである。児童たちの元気で明るい笑い声が響いていたであろう教室は一瞬にして地獄図絵と化した。付近の民家や住民をも巻き込んだこの事故は死者17名（うち児童11名）、負傷者210名（うち児童156名）を出す大惨事となった。いわゆる石川ジェット機墜落事故である。

　それから半世紀が過ぎ、この事故の記憶も風化しつつある。今なお沖縄に在日米軍基地の75%が集中し、尋常でない騒音被害に加えて、沖縄県民の人権を蹂躙するような事故や事件などの基地被害が起こり続けている沖縄にあって、「この事故の記憶を風化させてはならない、この事故の記憶を語り継いでいかなければならない」という強い思いを抱いているのが平良嘉男氏（西原中学校校長、2010年当時）である。事故当時、平良氏は宮森小学校の2年生であった。2年生は最も被害が大きかった学年である。2008年4月、校長として母校である宮森小学校に赴任した平良氏は、奇しくも事故から半世紀という節目を母校で迎えることとなった。平良氏自身、不思議な巡り合わせを感じたという。

　2010年11月、石川ジェット機墜落事故の語り部としての平良氏の思いはフ

ランスのパリで実現した。平良氏は、NPO<Echo Echanges ONG France-Japon>（エコー・エシャンジュ仏日NGO交流会、コリン・コバヤシ事務局長）が企画した講演会とセミナーに招かれ、体験者として石川ジェット機墜落事故について語った[1]。

　講演会は、11月20日、国立東洋言語文化学院（通称イナルコ）で、「沖縄の叫びと記憶」（Le cri et la mémoire d'Okinawa）を全体テーマとして、同学院准教授のパスカル・グリオレ氏（Pascal Griolet）の主催で開催され、平良氏に加えてフランスの著名な沖縄研究者であるパトリック・ベイユヴェール氏（Patrick Beillevaire）（国立科学研究所）、日本の安全保障論を専門とするギブール・ドゥラモット氏（Guibourg Delamotte）（社会科学政治高等研究院）、そして筆者が報告者として参加した。ドゥラモット氏は、民主党の鳩山由紀夫首相が普天間基地の県外移設を公約に掲げながらも実行できずに辞任した経緯、そしてその後も混迷し続けている民主党政権下の日本の政治状況について語った。ベイユヴェール氏は、沖縄の基地をめぐる歴史的背景を踏まえながら、普天間基地移設問題について詳細に論じるとともに、同基地の県外移設を訴える名護市住民の最新の様子などを映像資料を用いて紹介し、さらに本公演後に予定されていた沖縄県知事選挙についても語った。筆者は、琉球王国の成立から現在に至る沖縄と日本の歴史的関係について述べた。

　平良氏は、映像資料などを用いて、石川ジェット機墜落事故の体験を語りながら、「基地の島　沖縄」が抱える現状についても触れ、生命の尊さと平和の希求を訴えた。平良氏が引用した、事故当時、宮森小学校で教鞭をとっていた比嘉静氏の言葉、「戦がなくならないのは人間の業」という言葉は非常に重たいが、一方で平良氏は、沖縄語で「いちゃりば　ちょーでー」（一度会ったら皆兄弟）という、「命どぅ宝」とともによく知られた言葉を引用し、また音楽の教師でもあった氏は「芭蕉布」や「童神」といった沖縄の歌を歌って、平和を愛する沖縄の心を紹介し、平和の実現に向けた沖縄の可能性も示唆したのであった。

　時間の都合で質疑応答は割愛されたが、講演会後に三線愛好会が「安里屋ユンタ」などを演奏し、最後に玉城流翔節会の島尻ひさみ師匠が「四つ竹」など

の琉球舞踊を披露して会場を大いに沸かせ、400人を収容できる大講堂を埋め尽くした講演会は盛会のうちに閉会した。

セミナーは、11月25日、パリ・ディドロ＝パリ第7大学で、「沖縄　日本とアメリカの硲で」（Okinawa, entre le Japon et les États-Unis）をテーマとして、同大学准教授の矢田部和彦氏の主催で開催され、平良氏と筆者が報告者を務めた。基本的には報告内容はイナルコでの講演会のものと同じであったが、聴衆は同大学の学生と大学院生が中心であり、報告後には質疑応答の時間も設けられて、両報告に対して多くの質問が出された。中には報告者を唸らせる鋭い質問もあり、真剣かつ活発な議論が展開したのは嬉しい限りであった。そして、最後には島尻ひさみ師匠の琉球舞踊が華やかに演じられ、こちらも盛会のうちに閉会となった。

ところで、石川ジェット機墜落事故から筆者が思い浮かべるのは中屋幸吉のことである。中屋については、今回の報告の中では触れることができなかったので、中屋の遺稿集である『名前よ立って歩け　沖縄戦後世代の軌跡』（三一書房、1972年）（以下、『遺稿集』）と同書に収められた、政治思想史研究者の比屋根照夫の解題をもとに、ここで若干の補足をしておきたい。

中屋幸吉は、1939年11月、沖縄県石川市（当時）に生まれた。石川高校を卒業した後、1959年に琉球大学理学部史学科に入学する。そしてその2か月後、石川ジェット機墜落事故に遭遇する。自身の姪を失ったこの事故をきっかけに休学と復学を繰り返した中屋は、1966年4月に琉球大学に復学するも、その2か月後の同年6月に沖縄県中部の知花城で自殺し、27歳という短い生涯を閉じた。

はじめに、『遺稿集』に収められた「姪の死」と題された石川ジェット機墜落事故をもとにした短い小説を、一部引用して紹介しておきたい。

　　1959年6月郷里の石川にZ機が墜落した。
　　災難の場所は、市の小学校であった。このことが、彼（筆者註　主人公の和吉を指す）を休学にまで、踏みこます動機となったのだ。
　　自分の命が欲しいばっかりに、米軍飛行士は、故障したZ機を、空中に放したまま、落下傘で逃げ生きのびた。無人飛行機は、舵手を失って、空を乱舞し

た揚句、学園につっこんでいった。

　忽ち、静かな、緑の学園は、阿鼻叫喚の生地獄と化し、多人数の学童死傷者が、その犠牲とされた。学童死人の中に、彼の姪がいた。

（中略）

　園子（筆者註　和吉の姪を指す）の死は、和吉の心に、深い傷痕を残した。それは、思想の転機となった。外部にあるものが、自己におよぼす、力の強さを、彼は思い知らされた。

　彼は、それから、沖縄の現実の姿について考えた。そこに民族の問題が暗いとばりをおろしており、帝国権力が、根深くとぐろを巻いて居座っていることを、肌身に感じた。

　政治の動に対しては、敏感に反応し、友人をつかまえて、このことに、議論の焦点を向けた。そして、沖縄の状況が、絶望の姿である事を知った時、彼は俄かに沈黙し、読書へと傾倒していった。

　上記（中略）の部分には、事故当時、「行方不明」とされた姪の園子の死体が発見され、和吉が、それが園子であるかどうかを確認する場に立ち会う場面が記されている。灰の中から発見され「人間の形相をすっかり喪くした棒ぎれみたいな、焼死体」と対面した和吉は、「これが、人間か。この人間には、人間らしい確証が何一つない。ああ、これが、人間だと、言えるだろうか」と「すっかり、心をごちゃごちゃにされて」、思慮を失い、吐き気に襲われ、その場から逃げようと思った。しかし、その死体がまぎれもなく園子であることがはっきりした瞬間、彼は「ガン、と丸太ン棒で、脳天を叩きのめされた衝撃」を感じ、慟哭した。「形をなさぬものが、脳裡を激しく渦巻き、これでいいのか、これでいいのか、とわめき立てながら、園子のイメージがズタズタに引き裂かれ、彼の心もゴチャゴチャになっていく」のを意識したのである。

　比屋根は、中屋の生涯について「50年代後半から60年代にかけて沖縄で学生生活を送った人間の典型」としているが、中屋と同年の生まれで、中屋の学友でもあった比屋根自身も属する中屋の世代について、2つの体験を共有すると記している。すなわち、第1に、「幼少の頃に第2次大戦の激戦地沖縄の戦場を彷徨する悲惨な体験」であり、第2に、「対日平和条約の締結による沖縄の日本からの分離により、多感な青春期をあの重苦しい米軍施政下で過ごした戦

後体験」である。比屋根は、石川ジェット機墜落事件[3] が中屋の持った「衝撃的な戦後体験」であるとして、次のように記している。

> 沖縄の戦後世代は、異民族支配の中で時代の重圧と矛盾に覚醒する。中屋幸吉にとっての自己覚醒史の過程は、また軍事基地沖縄から刻印された衝撃的な戦後体験へと連なる。この衝撃的な戦後体験とは、1959年6月、中屋の上にふりかかった悲惨な石川ジェット機墜落事件であった。

　比屋根は、『遺稿集』の解題において、石川ジェット機墜落事件以後の中屋の思想の変遷について次の4点からまとめている。第1に、異民族支配下にある沖縄の姿を「絶望」とみる現実認識である。これは先に引用した「姪の死」に記されているとおりである。第2に、その「絶望」を打破する運動としての「祖国復帰運動」の位置づけである。中屋にとって「祖国復帰運動」は沖縄の現状変革を志向する運動であり、「祖国」とは「むき出しに迫る巨大な米軍支配の重圧から脱却する方途として思い描かれた変革のユートピア」であった。第3に、現実の「祖国」との出会いによる「祖国」と「祖国復帰運動」への失望である。安保闘争のあった60年以降の急進的な学生運動の真只中に自らを位置づけた中屋からは変革のイメージとしての「祖国」が影をひそめる。「祖国」との出会いによって得たものが「疎外」であった中屋にとって、それは幻滅へと変わっていったのである。そして、第4に、沖縄における「祖国復帰運動」の歴史的省察と、沖縄の「他国依存」「領属意識」批判である。沖縄の近世から近代に至る歴史を「他国依存」の歴史とみた中屋は、そこから沖縄人の「領属意識」が発生するとし、その観点から復帰運動とは「沖縄人の伝統的な生活本能（寄生本能）→領属意識の今日的な運動論的表現にすぎない」と喝破するのである。

　以上のような中屋の思想の変遷の中に「沖縄の独立」という思想は存在したであろうか。中屋がそれをどこまで考えていたかは定かではない。「沖縄人」を「コンプレックスの別名」であるとし、沖縄の歴史に呪縛された結果「沖縄人放棄＝日本復帰＝日本人宣言」が立ち上がる。そしてそれが運動にまで高まったものが「祖国復帰運動」であるとする中屋は、大衆の祈りにも似た願い

は「沖縄人コンプレックス」の解消、「人が人に差別され、人が人に卑下することのない自由な人間関係の創造」にあり、それはそのような復帰運動を通しては実現の可能性がないとする。そして、「もっと、深い内容をもった別の、新たな運動が一日も早く、生れんことを！」と記すその「新たな運動」とは具体的に何であるのか。『遺稿集』には「美しい人間愛のドラマ」と題する『琉球新報』に掲載された短い文章が収められている。「創造」という名の演劇集団による「太陽の影」という舞台を観た中屋は、アルジェリア戦争を内容とすると思われるその舞台に登場するアルジェリア人、すなわち、フランス人の執拗な拷問にも屈することなくアルジェリアの独立を求めて抵抗し続けるアルジェリア人に「レジスタンスの人間愛にみちた美しさ」を見る。そして、観客の拍手喝采の中で、自らも拍手して涙した中屋は次のような思いを持つのである。

> アルジェリア被植民者よ、ぼくにも叫ばしてくれっー、アルジェリア万歳。そしてこの植民地的支配からの独立の叫びが、わがオキナワにまでこだましてくれることを。

そして、「民族の独立とは、何を意味するのか。政治は何をめざすべきなのか。自由とは」と自問する中屋は、その答えを「人間愛、愛です。ただ愛あるのみです」とし、その舞台を「『愛』の絶対さを『人間の解放』さを、真けんになって追求しているかぎりなく美しいドラマである」とするのである。

繰り返すが、中屋がどこまで沖縄の独立を考えていたかは定かではない。しかし、「絶望」の姿をした沖縄が、その「絶望」から脱するために取るべき選択肢の一つとして「沖縄の独立」が頭をよぎったことはあったのではないだろうか。

本章をまとめていた2011年1月現在、普天間基地移設問題は依然として解決の糸口を見いだせないままの状況に置かれていた。沖縄に今もなお在日米軍の75%が集中している状況において、第2、第3の石川ジェット機墜落事故が起こる危険性は極めて高い。いや、沖縄側に人的被害はなかったとはいえ、2004年に起こった沖縄国際大学米軍ヘリ墜落事故は「第2の石川ジェット機墜

落事故」と呼びうるものである。

　私たちは、これ以上沖縄の人びとが「沖縄の現実の姿が絶望である」とみる
ような状況を創り出してはならない。

【註】

1）筆者も参加したパリでの講演会とセミナーでは、コリン・コバヤシ氏を代表とする
　NPO <Echo Echanges ONG France-Japon> の方々、イナルコのパスカル・グリオレ
　氏、パリ・ディドロ＝パリ第7大学の矢田部和彦氏、そして沖縄タイムス通信員の久
　高泰子氏、その他、一人ひとり全員のお名前をあげることはできないが、大勢の方々
　にお世話になった。この場を借りて御礼申し上げる。

2）『遺稿集』に収められた比屋根の解題は、比屋根著『戦後沖縄の精神と思想』（明石
　書店、2009年）に再録されている。なお、同書の「あとがき」において、比屋根は中
　屋の死の直後に『琉大タイムス』（琉大マスコミ研究会発行）に掲載した中屋の追悼
　文の一部を紹介し、比屋根自身の「戦後体験」について「中屋に象徴される米軍統治
　下の抵抗と挫折を意味し、それこそが私の沖縄近現代史研究の原点でもあった、と振
　り返ることが多い」と回顧している。

3）比屋根は解題において「石川ジェット機墜落事件」と記しているので、比屋根の解
　題については「事故」ではなく「事件」と表記する。

第7章

「うちなあぐち」をめぐる諸問題

はじめに

2つの文章を紹介することから始めよう。

① 日本国民や正義とぅ秩序、基とぅする国際平和、真胆に望でぃ、国権な
かいする戦とぅ、武力なかいぬ威嚇、又、武力使ゆしえ、国際紛争、はん
しゅる手段とぅしえ、十百年、ちゃん投ぎゆん。
　前項ぬ目的、叶ゆるたみ、陸海空軍うぬ他ぬ戦力お持ったん。国ぬ交戦
権や認みらん。

② 其ぬすてぃみてぃぬ一番鶏や恥じかさ思いがやたらあ分からん。一番な
かい鳴ちゃしえ鳴ちゃるばすやしが、鳴ちゅしとぅまじゅん、自ぬ声枯ら
あんかい驚ち、鳴ちゅし、止みたん。度越、恥じかさぬならな、其ぬ一羽
や急じ裏庭んかい隠らんでぃしゃしが、他ぬ鶏なかい、「したい、良う鳴
ちゃん」んでぃち、羨まさ小さったくとぅ、今ぬ暇お、ちゅうちゃん。羽
ばたばたしみてぃ、飛びぃんしいゆうさん羽、自慢しちゅんねえ、ばたば
たあしみたん。あんしから、仲間ぬ鶏、うせえゆんねえ、首小、振い回さ
がなあ、「クァックァ」んで笑え声ねえそおる声、出じゃち歩っちゃん。

①は日本国憲法第9条の「うちなあぐち版」であり¹⁾、②は「うちなあぐち」による小説『遥かなるパイパティローマ』の冒頭文である²⁾。訳者・作者はともに比嘉清（作家としてのペンネームは吉屋松金）氏である。1999年、氏は『実践うちなあぐち教本』（南謡出版）を出版して「うちなあぐち」による本格的な創作活動を始めた。同書の目的として氏は次のように記している。

　　沖縄語による散文は「おもろさうし」以降は琉歌、民謡および地方自治体による民話収集・記録以外では特に見るべきものが無いに等しい状況である。散文が存在することは言語が飛躍的に安定的に発展する基盤を作るものである。沖縄語が発展の軌道に乗り切れないもう一つの大きな原因は散文が殆ど無く、したがって、発展の基盤がなかなか作れない現状にもある。散文がなければ撲滅運動への抵抗の基盤も作れないことになる。（散文があれば学校で教材として使える）（同書3頁）。

　氏は「うちなあぐち」による散文活動の構想を、琉球大学の学生であった頃からあたためてきた³⁾。氏が琉球大学を卒業したのは1972年、すなわち沖縄が日本に復帰した年であるが、そういう時代状況もあってか、その頃、「うちなあぐち散文活動」という氏の構想はなかなか周囲の理解を得られなかったという。しかし、「うちなあぐち」の「方言」としてではなく、「言語」としての発展のためには「うちなあぐち」による散文活動を起こさなければならないとの思いはその後も氏の中であたためられ続け、遂に意を決して自ら出版会社（南謡出版）を設立して先の『実践うちなあぐち教本』を出版するに至るのである。同書が文例を豊富に取り入れているとはいえ、基本的には文法書としての特徴を持っているのに対して、氏の2作目である、冒頭に紹介した『遥かなるパイパティローマ』は地の文から会話文まですべてが「うちなあぐち」によって書かれた文字通りの「うちなあぐち小説」であり、その意味で氏の「うちなあぐち散文活動」が具体的な形となって現れたものである（ただし、同書には「うちなあぐち版」とともに「日本語版」も収められている）。

　さて、その比嘉氏が3作目として世に問うたのが『うちなあぐち賛歌』（2006年、三元社）である。主として、多言語社会研究会の機関誌である『ことばと

社会』（三元社）の「琉球弧の言語」に連載されたものをまとめたものである
が[4]、本書のために書き下ろしたものや、「うちなあぐち歴史年表」なども付
録として収録され、資料としても充実したものとなっている。本書の最大の特
徴は記述のすべてが「うちなあぐち」と日本語の「バイリンガル」表記となっ
ていることにあるが、内容としても本書で展開されている「うちなあぐち」に
関する氏の様々な問題提起は、筆者にとってもあらためて「うちなあぐち」に
ついて考えるよい機会となった。

　以下、本章では、本書の内容を紹介しながら、①「うちなあぐち」という呼
称、②「うちなあぐち」は言語か方言か、③「うちなあぐち」の教育研究活動
と創作活動、という3点についてまとめていきたい。

　なお、冒頭に紹介した「うちなあぐち」による2つの文章の日本語訳は以下
のとおりである。

①　日本国民は、正義と秩序を基調とする国際平和を誠実に希求し、国権の
　発動たる戦争と、武力による威嚇又は武力の行使は、国際紛争を解決する
　手段としては、永久にこれを放棄する。
　　前項の目的を達するため、陸海空軍その他の戦力は、これを保持しない。
　国の交戦権はこれを認めない。

②　その朝の一番鶏にとって一番鳴きは初めての経験だったかも知れない。
　一番に鳴きはしたのだが、鳴いた途端、自分の嗄れ声に驚いて鳴くのを止
　めてしまったのだ。恥ずかしさの余り、その鶏は急いで裏庭に移動しよう
　としたが、他の鶏の「良くぞ鳴いた」との羨ましそうな視線を浴びると、
　今度は一転して、自慢気に飛べもしない羽をばたつかせた。そして、回り
　の鶏を馬鹿にしたような目つきをし、細い首を振り回しながら、「クァッ
　クァ」と笑い声に似た声を浴びせて歩いた。

1. 「うちなあぐち」という呼称

うちなあぐちえ、「琉球語」んでぃん「沖縄語」んでぃん言やりいん。うぬよ
うなハイカラ呼名んかい、じゅんに、うちなあぐち使とおる人んちゃあや、ひ
るまさすがらあん分からん。あんそおる呼名や、ちゃっさきいなああぬシマ言
葉ぬむるぬ便利な呼名やん。

うぬような呼名、使ゆる学者とぅか知識人ぬん、うぬくとお、ゆう知っちょ
おん。他なかい「沖縄ぬ言葉」、表わする、ましやる言葉あ無(ね)えらんぐとぅ
やん（19頁）。

うちなあぐちは「琉球語」とも「沖縄語」とも呼称される。そのようなハイ
カラな呼称に、実際にうちなあぐちを話す年配世代の人々はピンとこないかも
しれない。それらは数多くあるうちなあぐちを一括りにした便宜上の名称であ
る。これらの名称を使う学者や知識人もそのことを承知している。他に「沖縄
の言葉」を総称する適切な言葉が見当たらないからである（19頁）。

「沖縄の言葉」を総称することは難しい。筆者はこれまでカッコ付きで「う
ちなあぐち」と表記してきたが、それは主として「うちなあぐち」が総称であ
るだけでなく個称でもあるということによる。著者も記す通り、例えば、宮古
諸島や八重山諸島の人々にとって「うちなあ」「沖縄」「琉球」は現在でも沖縄
島のことを指し[5]、「宮古」や「八重山」と並称される呼称である。国立国語
研究所が編集した『沖縄語辞典』（1963年）によると、「くち」とは文字通り
の「口」という意味の他に「口に出して言うこと。ことば。言語。」あるいは
「（接尾）言語名をあらわす。語。」という意味が記されており[6]、「うちなあぐ
ち」とは「うちなあで話されていることば」という意味となる。「うちなあ」
を個称とする一方の立場からは「うちなあぐち」という表現には「沖縄島で話
されていることば」という限定性が伴うことになる。

他方、「うちなあ」を総称とする立場からは「うちなあぐち」は、著者が
『ことばと社会』に連載したテーマにあるように、「琉球弧の言語」を指すこと
になるであろう（ただし、そのように言うことにも即座に疑義と反論が出され

るはずである）。したがって、「うちなあぐち」という表現を用いる場合には、語られている状況に従って、「総称としての」あるいは「個称としての」という限定を付けなければならないであろう。

　さらに難問がある。著者によれば、「うちなあぐち」を話す沖縄の年配世代にとって、言葉とは「どこのシマ（島、村）のムニー（言葉）」かが問題なのであって、沖縄全体の言葉の総称が必要だとは思いもよらないことのように思えるという[7]。つまり、「うちなあぐち」を「沖縄島で話されていることば」という意味に限定しても、それは決して均一な存在ではなく、シマごとに異なる「ムニー」から構成されるものであり、したがってそれ自体が複数性を持っているといえよう。「うちなあぐち」を総称としてとらえる場合ではなおさらその複数性はさらに重層的で複雑なものとならざるをえない[8]。

　もう一つの問題は首里語をめぐる問題である。著者は『実践うちなあぐち教本』で「うちなあぐち」の「基準」を首里語に求めたと記し[9]、『遥かなるパイパティローマ』でも首里語を多用したと記している[10]。また、『うちなあぐち賛歌』では首里語に関して、「首里人は自らの言葉をやはり首里物言いと称するのであるが、地方人は特別に『首里言葉』と称することが多いように思う。やはり、首里物言いを他の地方の物言いと同じように考えるわけにはいかない。」とも記している[11]。言うまでもなく、著者は首里語だけを排他的に用いているのではなく、またそうすべきだと主張しているわけでもない。むしろ、日常生活においては首里語よりも地方語の使用人口が卓越しているという認識から、「首里語にはない古い沖縄語や地方独特な表現を取り込む事も豊かな沖縄語を築き上げていく上で大事である」とも記してはいるのだが[12]、総称としてであれ、個称としてであれ、「うちなあぐち」を首里語で代表させているかのような印象をどうしても持ってしまう読者がいるであろう。この点は、琉球王国時代の王府による統治の問題とも密接に関係する問題である。

　繰り返しになるが、「沖縄の言葉」を総称することは難しい。「うちなあぐち」という呼称一つを取り上げても、散文活動の展開に大きな壁があるように思えてしまうが、筆者は「うちなあぐち」散文による創作活動が盛んになることは「うちなあぐち」の「言語としての発展」のために不可欠であると考える。も

し、「うちなあぐち」という呼称をめぐる見解の相違が「うちなあぐち」による創作活動を妨げることにつながるのであれば、それは「うちなあぐち」の持つ豊かな可能性を奪うことになるであろうし、ひいては沖縄文化の発展にとっても大きな損失となるのではないだろうか。著者は『実践うちなあぐち教本』の「あとがき」に次のように記している。

> 沖縄語に関する取り組みはもはや待ったなしの状況にあり、実践あるのみです。実践しながら議論し、至らぬ所を正せばいいのです。小生は僭越ながら、自ら実践しなければならないと考え小書を世に出した次第です（543頁）。

「うちなあぐち」の呼称をめぐる議論も「うちなあぐち」散文活動の発展に建設的に貢献する方向でおこなわれなければならないであろう。

2.「うちなあぐち」は言語か方言か

　うちなあぐちえ日本語ぬ一方言やあらな、「日本祖語」から「本土方言（日本語）」とぅ「琉球方言（琉球語または沖縄語）」んかい分かりてぃ来ゃるくとお言語学上ぬ定説やん。
　「琉球方言」でぃぬ呼称やまあまでぃん「日本祖語」んかい対するむんどぅやる、「現日本語」んかい対するむぬおあらん。やしが、うちなあぐちぬ（日本語ぬ一部とぅしぬ）「方言呼称」や分かてぃが居ら分からんがあら、議論らあさる議論ぬん無えらな、うっちゃん投ぎらっとおるままやん。うぬくとお、くぬ学説、まっとうばねえ解かてえ居らんがあら、強いてぃまでえ広みらんしがる都合ぬ良たさんでぃが考えとおら、理屈ぬ通らんあい、しびたりたむんどぅやる（98-99頁）。

　うちなあぐちは日本語の一方言ではなく、「日本祖語」から「本土方言（日本語）」と「琉球方言（琉球語または沖縄語）」に分かれたうちの一つであることは言語学上の定説である。
　「琉球方言」なる呼称はあくまで「日本祖語」に対して言うのであって「現日本語」に対するものではない。にもかかわらず、うちなあぐちの（日本語の一

部としての)「方言呼称」は知ってか知らずか、議論らしい議論もなく放置され
ている現状にある。これは、この学説を正しく理解できていないか、積極的に
広めない方が都合が良いとの考えからなのか、非論理的かつ卑屈な姿勢である
(98-99頁)。

　「うちなあぐち」と日本語の関係については、大きく分けて3つの説がある。
第1に、「うちなあぐち」を日本語との姉妹言語としての琉球語とする説であ
る。この説の主張者としてはチェンバレン (B. H. Chamberlain) を挙げること
ができる。チェンバレンはその著『琉球語の文法と辞典　日琉語比較の試み』
(1895年) において、仮想言語として「共通祖語」を想定し、そこからやはり
仮想言語としてではあるが「古代琉球語」と「古代日本語」が分岐したと想定
して、やがてそれぞれが「現代琉球語」と「現代日本語」になったとの見解を
示した[13]。チェンバレンが琉球語と日本語の相互関係を「スペイン語とイタリ
ア語」あるいは「スペイン語とフランス語」の相互関係に比しているところか
らもわかるとおり、チェンバレンはそれぞれを「共通祖語」に対して相互に独
立した「言語」であると認識していた。
　第2に、「うちなあぐち」を現代日本語の方言とみなして琉球方言とする説
である。この説の主張者としては東条操を挙げることができる。東条は『国語
の方言区画』(1927年) において、国語 (日本語) の下位区分として「内地方
言」(今日でいう「本土方言」) と「琉球方言」を設定した[14]。東条説ではチェ
ンバレンの想定した「共通祖語」が「日本語」に置き換えられ、琉球語は独立
した「言語」ではなく、日本語を構成する「方言」となっている。東条が日本
語と対立する「琉球語」ではなく、日本語の方言としての「琉球方言」とした
のは、それが「同一祖語から分れたものであり、かつ同一国家内に行はれて居
る言葉」であるという理由による。
　第3に、「琉球語」と呼んでも「琉球方言」と呼んでも言語の本質的な相違
はないとする説である。例えば、金城朝永は服部四郎と共同執筆した『世界言
語概説』(1955年) の「琉球語」の項で、「姉妹語」(したがって、この場合、
「琉球方言」ではなく「琉球語」) と称するか「方言」と称するかについては、

通時的にとらえるか共時的にとらえるかによるのであって言語そのものの本質的な相違を示すものではないとしている [15]。ただし、金城は「琉球語を琉球方言と呼んでも一向さしつかえなはない」としながらも、「琉球語」が「愛用されている」との認識を持ち、その理由を、①「簡潔で、耳に熟してゐること」、②「いはゆる内地方言、即ち従来の『日本語』に対立する大方言と見なされる言語の総称としては、『琉球語』の方がふさわしいと考へられるからであらう」としている [16]。

　さて、以上のように整理した上で、本節の冒頭に引用した文章にあるとおり著者の認識は第1の説にある。著者は「うちなあぐち」の持つ3つの特徴から、「うちなあぐち」が独立した言語であるという意識を持つべきだと主張している [17]。すなわち、第1に、日本語との会話が成立しないことであり、第2に、古くからおもろさうし・組踊・琉歌・民謡・芝居といった独自の言語活動がなされてきた歴史があり、それが今も続いていること、第3に、多くの沖縄人に共通する言語感覚として日常会話等現実的対応を別として、公のうちなあぐちに日本語（漢語等）が混ざることに違和感を抱くということである。最後の点については、「うちなあぐち」を「日本語の方言と呼びながら、その言語感覚は日本語との連続意識が薄く、対立意識の方が強いということ」であると述べている。著者にとって「うちなあぐち」は日本語とは「似て非なる言語」[18] であるが、著者はある言語が独立した言語であるか方言であるかの明確な基準はないという立場から、「うちなあぐち」を日本語の方言と認識する・させることに由来する「方言意識」とそれに関連する「アイデンティティ意識」を問うている。著者は次のように記している（「うちなあぐち」版については割愛する）。

　　うちなあぐちを「方言」と呼称するようになった明治後期以降は、それが行政上の都合から、文化的にも言語的にも沖縄が「日本の一地方」であるとの意識を植えつける役目を果たしてきたものと思われます。今日、うちなあぐちを話せる世代も、「どこか違う」という意識を持ちながらも、半ば「諦め」、うちなあぐちが「日本語の方言であること」を信じ、若い世代は「真実として」疑わない人々が多くなっています。アイデンティティは学問的な分類なのではな

く、民族の主張なのです（58頁）。

　さらに、著者は、①言語的にはアイデンティティの意識は「差異」こそが問題であること、②「方言意識」は「差異意識」よりも「類似意識」から生じるものであり、「方言」呼称には「一つの言語」としての重みがないこと、したがって「方言意識」ではどんなアイデンティティ主張も弱くなることなどを述べている[19]。「うちなあぐち」の独立言語としての発展を目指す著者にとって、「うちなあぐちが一独立言語であるという根本意識を持つこと」[20] がまずなによりも大切なことなのであり、その意味で、先に整理した3つの学説のうち第2、第3の説は「学問的」には考察する余地のあるものではあっても、著者の目指すところからすると意味がないということになるであろう。

　著者によれば、このような主張をしたために、「それが民族運動にならないかと懸念する人」も多く、「周りは、私を民族主義者と見なしている」という[21]。それに対して、著者は「言語の問題は多かれ少なかれ民族的要素を伴わずにはいられない。民族的要素を抜きにした言語活動は、ダシを抜いたスープのようなものである」と返している[22]。

　戦後沖縄において、言語の問題は民族問題と密接に結びついていた。それは沖縄の帰属問題との関連においてである。すなわち、1945年4月以降、沖縄は実質的に米軍統治下にあったが、沖縄の帰属の正式決定は1951年9月のサンフランシスコ条約まで待たねばならなかった。その間、沖縄では米国帰属論や沖縄独立論、国連信託統治論、日本復帰論などの主張がなされたが、なかでも民族問題と結びついていたのが沖縄独立論と日本復帰論であった。沖縄独立論は「沖縄人」が日本民族とは異なる「少数民族」であるという認識を前提とするものであり、例えば、米軍は、前述したチェンバレンの『琉球語の文法と辞典　日琉語比較の試み』を認識の基準として、「琉球語」を日本語とは相互に独立した言語と見なして、「沖縄人」を「人種的、言語的、民族的に『日本の少数民族』」であると認識しており、マッカーサー（Douglas McArthur）が「沖縄人は日本人ではない」と発言したとの記事もある[23]。この認識は民族自決論に基づき沖縄の独立へと道を開く前提となるものである[24]。

一方、日本復帰論は「日琉同祖論」としてまとめられる日本民族との人種的、言語的、民族的同一性を根拠として展開される。1950年に行われた沖縄群島知事選挙で選挙運動中から日本復帰を訴えた平良辰雄が当選し、それを機に沖縄社会大衆党が結成されて、以後、同党および沖縄人民党を中心に沖縄の帰属論争は「日本復帰」の方向でまとまっていった。これは後に「沖縄県祖国復帰協議会」による組織的な「復帰運動」として戦後沖縄で大きなうねりとなって展開することになる[25]。したがって、「復帰運動」の結果として1972年に沖縄の日本復帰が実現した今日、著者に対して抱く「民族主義者」としての懸念は、それが沖縄の日本からの分離独立の主張につながるのではないかという点にある。

著者は次のように記している（「うちなあぐち」版については割愛する）。

　　沖縄文化をうちなあぐちで語り、書く時代が到来することを私は望む。それが生きたうちなあぐちの居場所の一つとならなければならないだろう。うちなあぐちこそ、文化を創造する力こそ、沖縄人を救うものと確信したい（45頁）。

著者は「うちなあぐち」と沖縄の文化創造力に「沖縄人を救うもの」を見ている。著者が現実の沖縄の政治的独立を視野に入れているかどうかは別として、普天間基地の県内移設（たらい回し）や沖縄戦における集団自決（強制死）の教科書記述をめぐる問題をみても、「沖縄人を救う」という立場から日本との「差異」を強調する著者の「うちなあぐち独立言語論」という視点の重要性は今日においてなおいささかも色褪せてはいないと言えるであろう。

3.「うちなあぐち」の教育研究活動

　　戦ぬ終てぃ直、うちなあぐちなかいぬ教科書作合え、米軍から言いちきらったる諮問委員会ぬ一人が仲宗根政善先生んかい相談さびたれえ、先生や「君、哲学書の一頁、琉球方言で翻訳できるか」んでぃ言い返さびたんでぃぬくとぅやいびん。『琉球語の美しさ』（1995年、ロマン書房本店）んかい載とおるくぬ

エピソードや、ちゃっさ米軍かいぬ害やらわん、先生ぬ言ちゃるうぬ言葉あ、沖縄人ぬうちなあぐちんかい対する胆持ち表わちょおるむのお、あいびらんがやあさい（79頁）。

　終戦直後、米軍からうちなあぐちによる教科書作りを打診された諮問委員会の一人が今は亡き仲宗根政善氏に相談したところ、氏は「君、哲学書の一頁、琉球方言で翻訳できるか」と訊き返したといいます。『琉球語の美しさ』（1995年、ロマン書房本店）に載っているこのエピソードは、彼の米軍支配への反発をどんなに差し引いても、時代を超えて沖縄人のうちなあぐちへの感覚を代表するものではないでしょうか（79頁）。

　まず、ここで引用されている仲宗根政善の「うちなあぐち教科書」に関するエピソードについて確認しておこう。引用文中にある「諮問委員会」というのは終戦直後に米軍政府によって設置された沖縄の民政機構である「沖縄諮詢会」のことであり、「うちなあぐち教科書作り」を打診された委員とは大宜見朝計のことである。このエピソードについては、「米軍占領下の教育裏面史（仲宗根政善氏に聞く）」（新崎盛暉編『沖縄現代史への証言（下）』沖縄タイムス社、1982年）の中で仲宗根自身が語っている[26]。その中で、仲宗根は、大宜見とともに沖縄諮詢会の委員であった又吉康和の話として、米軍政府から沖縄諮詢会に「方言で教科書を書いたらどうかという諮問があった」という話を紹介している。また、歴史学者で沖縄文化協会の創設者にして初代会長を務めた仲原善忠が東京のGHQで同様の諮問をされて「そういうことはできない」と答えたこと、さらに沖縄人連盟や沖縄県祖国復帰協議会などで会長を務めた神山政良もそのような意見を求められて憤慨していたという話を聞いたことなどを紹介している。また、戦後、沖縄民主同盟を結成して沖縄独立論を主張していた仲宗根源和が、独立論者であったがゆえに「方言で教科書を書かせたらどうか」という意見を持っていたこと、戦後沖縄における文化復興に力を尽くした川平朝申が、当時、沖縄を日本から切り離す方針を持っていた米軍政府のディフェンダーファー（K. E. Diffenderfer）から「方言で放送せよ」と命令されたことなども紹介している。

これらの話からうかがわれることは、次の2点である。第1に、方言教科書の作成をめぐる問題が、米軍統治下という特異な状況に置かれていた沖縄において、日本復帰論者のようにそれを否定する立場の人々にとっては米軍の異民族統治に対する抵抗、それを肯定する沖縄独立論者や米軍政府にとっては沖縄独立への、あるいは沖縄の日本からの切り離しへの布石として理解されているということである。第2に、「方言」という言葉が方言教科書否定派においては「言語」の下位区分としての「方言」として理解され、そうであるがゆえに「方言で教科書を作成することはできない」という見解になっている。それに対して、肯定派においてはそれを「日本語」と対置される「琉球語」として理解する、あるいはそのように理解しようとしており、したがって「教科書を作成する」という文章語としての機能も果たしうるという見解になっている。

しかし、著者にとって最も重要な問題点は、著者が引用した「うちなあぐちによる哲学書翻訳」をめぐるエピソードが、方言としてであれ、言語としてであれ、「うちなあぐち」が「哲学書の1頁も翻訳できない欠陥言語」として認識されているということにある。著者はそれを「沖縄人のうちなあぐちへの感覚を代表するもの」とみなし、沖縄人、とりわけ知識人の間に共有されていることを危惧するのである。例えば、ましこ・ひでのりは、米軍統治下で教育政策をまかされた教育指導部首脳が「日本語（＝標準語）で教育する」という方針を堅持したことについて、「問題の本質は、論者たちの『欠陥言語説』にあった」とし、「感情表現や罵声などはともかく、知的/論理的な内容をもりこむだけのうつわではなく、近代的な話題をかたるためには、標準日本語にとってかわられねばならないという信念が、知識層を中心にねづよく定着していたのである」と指摘している[27]。著者は『実践うちなあぐち教本』において、『旧約聖書』の「出エジプト記」と『日本国憲法』の「うちなあぐち」への翻訳（ただし、いずれも抜粋）を試みているが[28]、その意味で、著者の試みは仲宗根の先のエピソードからうかがわれる沖縄人の「うちなあぐち」への感覚を払拭し、根本的な修正を迫るものとして理解されるべきであろう。

「うちなあぐち」に関する以上のような著者の見解は、沖縄文化継承における「保存」の問題として展開しているように思われる。著者は、この点につい

第7章　「うちなあぐち」をめぐる諸問題　　*95*

て、次のように記している。

　　うちなあぐちについて言えば、その復興運動のテーマとして、「残す」「受け
　継ぐ」「保存する」などの言葉がよく使われます。一般に文化の継承とは"発展"
　の意味が含まれているはずであり、含まれていなければならないはずです。し
　かし、うちなあぐちを含む沖縄文化全般についていえば、普及発展しているの
　は、空手ぐらいなもので、たいていは「保存」要素が強いです。その考え方の
　根底には弱者保護の福祉事業的発想がないでしょうか。つまり、「沖縄文化は
　放っておくと滅びるものであり、保護されなければならない文化的弱者である」
　という発想がないでしょうか。そして、「保存」する「見返り」として、「現存
　する形のまま」を求められるのです。「保存」の発想は、発展をあきらめること
　と表裏だといえないでしょうか（67頁）。

　本論でも確認したように、「うちなあぐち」について著者の言う「発展」と
は「うちなあぐち」散文活動の発展である。そして、著者はその活動が待った
なしの状況にあり、実践あるのみであるとも指摘している。筆者は、「うちな
あぐち」散文活動を通じて「うちなあぐち」が文章語として鍛えられ、さらに
「うちなあぐち」散文活動が発展し、普及していくことについては進むべき方
向の一つとして理解できるし、賛同するが、だからといって「保存」が不要で
あるかというとそうは考えない。やはり、「うちなあぐち」散文活動は「うち
なあぐち」の保存活動（や研究活動）とあいまって発展、普及するものだと考
える。その例として、今一度、仲宗根政善を取り上げてみたい。

　仲宗根政善は沖縄戦において「ひめゆり学徒隊」を引率したことで知られて
いる。仲宗根は米軍に追い詰められ自決しようとする学生たちに生きることの
大切さを説き、彼女たちとともに米軍の捕虜となる道を選んだ。先述のとおり、
戦後は行政面で教科書編纂などの文教政策に携わったが、1952年、沖縄群島
政府の廃止を契機に琉球大学に転じ、以後、「国語学」担当教員として教育研
究活動に従事することになる。

　ここでは、琉球方言研究者としての仲宗根が残した2つのものに注目したい。
第1に、『沖縄今帰仁方言辞典―今帰仁方言の研究・語彙篇』（1983年、角川

書店）である。仲宗根は同書で日本学士院賞・恩賜賞を授与されており、同書は仲宗根の不朽の業績であるとされる。本書は辞典であり、そこには数多くの沖縄の今帰仁方言にみられる語彙が収録されている。本節の文脈からいえば、それは「保存」されていると言い換えてもよいであろう。辞典は語彙の保存そのものを目的として編まれるのではない。それが我われの言語活動に資するために編まれるものであるということは言うまでもないことである。我われが散文活動を展開するときに、辞典を参照して文章を作成することは極めて普通のことであり、言い換えればそれなくしては成り立たないとも言えるのではないだろうか。

　例えば、著者は『遥かなるパイパティローマ』の「あとがき」で次のように記している。

　　　語彙を補う為、組踊用語も使用した。先人の書き手が沖縄語に取り入れた漢語や日本語に「不勝手」「不綺麗」「不同意」等もある。「不便」「不潔」「反対」等といった現代日本語彙に置き換えても良いのではないかとも思ったが、この作品では、敢えて、懐かしい語彙を多く使用し、新日本語（外来語）の使用は最小限に止めた。書きながら筆者が感じたように、祖父母や父母との会話を思い出す人も多いであろう。
　　　沖縄語が生き延びる為には社会変化に伴う語彙の変遷（外来語使用等）を受け入れ、常に実用的である必要もある。しかし、必要な場合や機会があれば古い語彙も使用したいのである（397頁）。

　著者が記しているように、「うちなあぐち」の散文に「古い語彙」を使用したい場合、依拠すべき第一のものは辞典であろう。書き手が持っている経験や知識、記憶だけでは不十分であろうし、正確さを欠く場合もあるであろう。それが歴史小説に広がっていくとすれば、現代うちなあぐちだけでそれを記すことは、表現の幅に自ずと限界を生じさせることにもなる。また、「うちなあぐち小説」で沖縄の地方のことを記す場合、会話文の中にその土地の言葉を用いることでよりリアリティが生まれるであろう。こうした点を考えるならば、「うちなあぐち」の記録・保存活動の結果として多くの語彙や音声が正確に記

載、収録されている辞典は「うちなあぐち」散文活動を展開するにおいて不可欠なのであり、したがって「うちなあぐち」の保存活動は「うちなあぐち」散文活動の発展可能性を高めこそすれ、低くすることにはならないのである。

　第2に、琉球大学琉球方言研究クラブである。仲宗根が琉球大学で担当したのは「国語学概論」であった。仲宗根はその講義を通じて、学生たちが使ってはいけないものと思っていた「方言」が学問になることを教えた。教え子の中にはその授業を通じていわゆる「方言コンプレックス」から解放された学生もいた。仲宗根の講義は学生たちの間に「方言」研究熱を高め、それが、1957年、仲宗根を顧問に「琉球方言研究クラブ」が創設される背景となった。同クラブは仲宗根の教育活動と研究活動が生み出した成果であるといってよいであろう。同クラブからは方言研究者が輩出したが、こうした研究者を含めた多くの卒業生たちを通じて、大学だけではなく、高校などの教育機関を含めて様々な場所で「うちなあぐち」が語られている。彼らの中から、あるいは彼らにつながる者の中から「うちなあぐち」散文活動に参加する者が出ないと誰が言えるであろうか。「うちなあぐち」散文活動はそれに参加し、それを担う人が展開していくものなのであり、人なくしては成り立たないことは言うまでもないことである。仲宗根は人を育てた。その意味でも「保存」活動とともに、「継承」のための活動もまた「うちなあぐち」散文活動の発展には不可欠なのである。

　　おわりに

　本書が提起する「うちなあぐち」の問題については、本章で取り上げたもの以外にもある。例えば、「うちなあぐち」の「消滅必然論」あるいは「消滅傍観者」論では、「沖縄学の祖」とされる伊波普猷に対するこれまでの評価を改めて問い直している。「うちなあぐち消滅必然論」あるいは「消滅傍観者論」について、例えば、仲宗根政善は、先の『沖縄今帰仁方言辞典』の「序」において「近時、この方言も急速に消滅しつつあり、これを記録にとどめておかねばならないと痛感して、網羅して記述することにつとめた」と記し[29]、『琉球

語の美しさ』の「序にかえて」には「子供の頃から琉球のことばに無限の愛着を感じた私は、このことばが日一日と滅びつつあるだけに、落日の美しさを惜しむように、じっと琉球語の味をかみしめて来た」と記している[30]。これらの表現に、仲宗根の「うちなあぐち消滅必然」認識をみてとることは可能であろう。しかし、その一方で、仲宗根は、例えば『琉球語の美しさ』では、劣等感を心の深部にまできざむことにしかならない方言撲滅運動を理不尽なものとして、それへの抵抗感を持ちつづけてきたと記し、学校での楽しいはずの休み時間を陰鬱なものに変える「方言札」の経験を「こんないやな経験といってはなかった」と記している[31]。これらが、仲宗根が教育者となり研究者となったときに仲宗根の教育研究活動の背景にあったとすれば、仲宗根は単なる「うちなあぐち」の「消滅傍観論者」ではなかったと思われるが、いずれにしても、伊波や仲宗根に限らず、「うちなあぐち」認識における沖縄の知識人の役割を鋭く問うことに、そしてそのことが「うちなあぐち」認識を「うちなあぐち」の発展につながるものに変えていくことに著者の力点が置かれていることを、本章で確認しておきたい。

【註】

1）吉屋松金『実践うちなあぐち教本』南謡出版、1999年、523頁（以下、『教本』）。なお、本訳文は『うちなあぐち賛歌』（三元社、2006年、149頁、以下『賛歌』）にも採録されている。

2）吉屋松金・比嘉清『遥かなるパイパティローマ』南謡出版、2000年、1頁。

3）比嘉清氏については、次の文献を参照。親富祖恵子「琉球弧の言語②」『ことばと社会』2号、三元社、2000年、189-193頁。

4）同連載は『ことばと社会』1号から始まっている。第1回は西岡敏（沖縄国際大学）、第2回は親富祖恵子が担当し、第3回から第11回までを比嘉清が執筆している。

5）比嘉清『賛歌』21頁。

6）国立国語研究所編『沖縄語辞典』1963年、324頁。

7）比嘉『賛歌』19-20頁。

8）ここで「重層的」というのは、「うちなあぐち」の下位区分として奄美方言、沖縄方言、宮古方言、八重山方言、与那国方言などがあること、そしてさらにその下位区分としてシマを単位とするムニーがあることを意味している。

9）吉屋『教本』5頁。

10) 吉屋・比嘉、前掲、397頁。なお、首里語を多用する理由として著者は「筆者の語彙を補うには文献等で検証が容易な首里語に頼らざるを得ない部分が大きいからである」と記している。

11) 比嘉『賛歌』24頁。

12) 吉屋『教本』5頁。

13) B.H.チェンバレン・山口栄鉄訳『琉球語の文法と辞典　日琉語比較の試み』琉球新報社、2005年、15-19頁。なお、原著は1895年に刊行された。原題は次のとおり。*Essay in Aid of a Grammar and Dictionary of the Luchuan Language*, Supplement to TASJ XXIII.

14) 東条の見解については、以下の文献に整理されている。東条操『国語の方言区画』育英書院、1927年、16-22頁。

15) 金城朝永・服部四郎「附. 琉球語」『世界言語概説』（下巻）研究社、1955年、313頁。

16) 同前、314頁。

17) 比嘉『賛歌』75-76頁。

18) 同前、114-116頁。

19) 同前、58-59頁。

20) 同前、74-77頁。

21) 同前、87頁。

22) 同前、88頁。

23) 「琉球列島の沖縄人　日本の少数民族」『沖縄県史　資料編2　琉球列島の沖縄人・他沖縄戦2（和訳編）』1966年、参照。なお、「沖縄新民報」（1947年7月15日付）における「今旬の主張」の「帰属問題と新沖縄の途」でマッカーサーの発言が紹介されている。

24) 中野好夫編『戦後資料沖縄』日本評論社、1969年、6頁。なお、1946年5月26日、熊本市五福国民学校講堂で全九州沖縄人大会が開催され、「沖縄人連盟九州本部」が創設された。大会の席上、沖縄民政府宛に「沖縄同胞に贈る」というメッセージが披露されたが、同メッセージはすべて「うちなあぐち」で記されている。同メッセージの文案は宮里栄輝による。同メッセージについては、『自由沖縄（九州版）』第1号（1946年6月15日）『縮刷版　沖縄新民報』第2巻、不二出版、2000年、308頁所収。

25) 沖縄県祖国復帰協議会による復帰運動については、『沖縄県祖国復帰闘争史　資料編』沖縄県祖国復帰闘争史編纂委員会編、沖縄時事出版、1982年、参照。

26) 「米軍占領下の教育裏面史（仲宗根政善氏に聞く）」新崎盛暉編、『沖縄現代史への証言（下）』沖縄タイムス社、1982年、189頁。

27) ましこ・ひでのり『ことばの政治社会学』三元社、2002年、125頁。

28) 吉屋『教本』518-526頁。なお、その他にも、「羽衣物語」「桃太郎伝説」「アリババ
と40人の山賊」「論壇　沖縄語と語彙の問題」などの「沖縄語版」が日本語版ととも
に掲載されている。物語だけではなく学術論文も沖縄語を用いて記すことができると
いう著者の意欲的な試みである。
29) 仲宗根政善『沖縄今帰仁方言辞典―今帰仁方言の研究・語彙篇』角川書店、1983年。
30) 仲宗根政善『琉球語の美しさ』ロマン書房、1995年、ⅰ頁。
31) 同前、ⅱ頁。

第8章

服部四郎の来沖
──『服部四郎 沖縄調査日記』を読む──

はじめに

　1955年10月2日深夜、羽田空港を飛び立った服部四郎は、翌3日早朝、自身にとっては30年来の憧れの地であった沖縄に降り立った。『服部四郎　沖縄調査日記』（服部 旦編、汲古書院、2007年、以下『日記』と略す）には次のような記述が見える。

> 　　無事着陸。外へ出るとむっと暖い。仲宗根政善氏、事務長氏出迎え、2台の
> 　　自動車に分乗。外は暗くてよく見えないが、元の市街という所はほとんど家が
> 　　残っていない。坂を昇って行く。首里はかなり小高い丘の上にある（33頁）[1]。

　服部四郎（1908-1995年）は、ウラル・アルタイ語研究者として著名であるとともに琉球方言研究者としてもつとに知られた言語学者である[2]。この年、服部は、琉球大学教授で当時副学長を務めていた旧知の仲宗根政善により国文科の招聘教授として琉球大学に招かれ、初めて沖縄の地を踏んだのである[3]。

　本章は、この服部の来沖について、服部の残した『日記』をもとに、主として戦後の琉球方言研究におけるその意義について考察することを目的とする。

　服部は、1908年、三重県の亀山に生まれた。1928年、東京帝国大学文学部

英吉利文学科に入学するも、翌年には同学部言語学科に転科する。服部は、入学した年の11月に処女論文である「三重県亀山地方の二音節語について」を発表、言語学科に転科した翌年には「近畿アクセントと東方アクセントの境界線」を発表するなど言語への関心を深めていく。服部にとって、言語学科への転科は自然の流れであったのであろう。

1932年、服部は雑誌『方言』に4回にわたって、「『琉球語』と『国語』との音韻法則」と題する論文を発表し、その中で沖縄の今帰仁方言を取り上げた。このとき、服部が取り上げた今帰仁方言のインフォーマントを務めた人物が仲宗根政善であった[4]。

仲宗根は、1907年、沖縄県今帰仁村与那嶺に生まれ、服部が言語学科に転科した1929年、東京帝国大学文学部国文学科に入学した。仲宗根は2年生のときに橋本進吉の「国語学演習」を受講し、そこで、当時、橋本ゼミに属していた服部と出会った。服部は、仲宗根が沖縄県の今帰仁村出身であることを知って、仲宗根をインフォーマントに調査を行い、その成果が雑誌『方言』に掲載された先述の論文へと結実する。仲宗根は、この服部との出会いによって琉球方言への関心を深めていき、1932年、『南島談話』第5号に「今帰仁方言における語頭母音の無声化」を発表後、1934年には『方言』第4巻第10号に「国頭方言の音韻」を、1937年には「カ行変格『来る』の国頭方言の活用に就いて」を『南島論叢』に発表するなど、琉球方言研究者としての道を歩み始めるのである。

沖縄戦でひめゆり学徒隊を引率したことで知られる仲宗根は、戦後、沖縄諮詢会で文教部編集課長を務めたり、沖縄群島政府で文教部副部長を務めたりするなど行政面に関わっていたが、1952年、沖縄群島政府が廃止されたことにより、同政府文教部副部長の職を辞して琉球大学に赴任した。その翌年、琉球大学は当時の文部省の援助により、県外の諸大学から講師を招聘する制度を設けた。仲宗根は、この制度を利用して服部を招聘し旧交を温めるとともに、服部から琉球方言研究に関する指導を受けたいと思ったようである。仲宗根から打診を受けた服部はそれを快く引き受け、こうして、1955年10月から12月の3か月にわたる服部の沖縄行きが実現するのである。

以下、本章では服部の残した『日記』を紹介し、戦後沖縄の琉球方言研究に

第8章　服部四郎の来沖―『服部四郎 沖縄調査日記』を読む―　103

おける服部来沖の意義について考察していきたい。

1．『服部四郎　沖縄調査日記』

　まずは『日記』について確認しておきたい。『日記』の編者で、服部の御子息である服部旦氏によると、服部没後の1997年6月19日から服部の蔵書整理が開始されたが、その最中の1999年8月から9月頃にこの『日記』が発見されたという。氏は次のように記している[5]。

　　本日記は、四郎が単身沖縄に赴任した昭和30（1955）年10月2日から同年12月26日の間、約3か月の短い期間の記録であるが、この時の四郎の活動が我国琉球方言学研究の一画期をなすことは、門外漢ながらも知っていた。従って、一読して当日記の学問的重要性、即ち、敗戦からまだ10年しか経っていない米軍政下に於ける沖縄の言語学・方言学・民俗学・社会学・歴史学上の有益な資料であり、言語学史的にも意味ある資料であることを確信した。

　氏はまた上記の確信を換言、補足して、『日記』の学問的価値として2点を指摘している。
　第1に、「言語学・方言学・音声学の研究調査の手法を単なる机上の論としてではなく、現地での実践によって示している」点であり、第2に、「復興途次の沖縄社会の観察記録であるから、今日の観点から眺めても当時の歴史資料として非常に興味深いものがある」という点である[6]。
　第1の服部の「実践」については、次の3つが指摘できるであろう。すなわち、①自らが琉球方言を積極的に学ぼうとしたこと、②沖縄本島のほぼ全域を周り、可能な範囲で方言調査を行ったこと、そして③琉球大学の学生たちに方言研究に関する手法を文字通り「実践」を通して示したことである。以上、3点について、『日記』のそこかしこに服部の記述を確認することができる。
　次に第2の点については、沖縄が日本で唯一の地上戦となった沖縄戦を経験し、あちらこちらにその傷跡がまだ残っていた当時の様子や、沖縄をそのよう

な悲劇に陥れた米軍への怒りなどが記されている。服部が、この沖縄滞在中に米軍批判を行ったことが、外国人と思われる人物からの服部への「強い抗議と恫喝」を引き起こすことになったという[7]。服部旦氏によれば、それが服部をして「良く笑いお道化た振舞もして見せる愉快な一面のある父親」から「寡黙な家族に対しても容易に腹の内を見せない人間」へと変えていったのではないかというが[8]、いずれにしても、このこと自体もまたその当時の沖縄の様子を示していることになろう。なお、沖縄を悲劇に陥れた日本に対する批判については、『日記』には記されていない。この点について、服部がいかなる考えを持っていたかを、当時の沖縄が置かれていた状況と関連させて考察することは重要であろう。

　出版された『日記』は主として次のような構成となっている。すなわち、仲宗根政善の後任として琉球大学に赴任した上村幸雄氏（琉球大学名誉教授）による「服部四郎先生と仲宗根政善先生」と題した「解説」とそれに続く「日記本文」、編者である服部旦氏による「資料解説」とそれに続く「資料本文」、そして同じく編者による「服部四郎略年譜」である。なお、「口絵」には当時の写真が14枚と、『日記』に登場する主要な地名を記した沖縄本島の地図1枚が収められている。服部が沖縄を発つ直前の12月24日午前、琉球大学新図書館前で撮影された「写真13」には、名嘉順一の顔が見える。名嘉は、当時、琉球大学の学生で、この服部の来沖を機に服部と深く接することで、後に東京大学言語学科の研究生として服部の指導を受けることとなる。後述するとおり、名嘉は琉球大学琉球方言研究クラブの創設メンバーの一人となり、同クラブのメンバーを中心とする琉球方言研究を牽引し、支えることとなる。服部は後に「名嘉順一君とはどうも縁が深い」[9]と記したように、名嘉の名前は『日記』の中でもあちらこちらに散見することができるが、名嘉のように琉球方言研究を志す学生が出たこともまた服部来沖の意義の一つとしてよいであろう。

　以下、服部旦氏の指摘した『日記』の学問的価値2点を軸に、『日記』の該当部分を紹介していきたい。なお、引用するにあたっては、必ずしも「学問的」に価値があるとは思えないような、例えば、服部の人柄をうかがわせるようなエピソードに属するものも積極的に紹介していきたいと考えている。

2．琉球方言研究の実践

　服部は琉球大学では招聘教授として「国語学」「言語学」そして「ドイツ語」を担当した。10月4日（火）の日記には、「仲宗根氏と授業の打合せをして帰る。余の講義は別紙の如し」とあり、当時の時間割表が貼付されている（38頁）。それによると、服部の授業は月水金の週3日で、各曜日の2コマに「国語学」、4コマに「ドイツ語」、5コマに「言語学」となっているのがわかる。

　講義は10月7日（金）から始まった。『日記』には次のように記されている。

　　10月7日（金）
　　　始めての講義
　　　国語学には時枝教授の『国語学言論　続篇』の批判を講義することとする。
　　70名位聴講。
　　　ドイツ語は関氏の初等教科書により発音から始める。60名は居る。
　　　言語学は講義。これも60名位（40頁）。

　琉球大学での講義が招聘教授としての「公式」の仕事であるが、本章における服部の「実践」は、これ以外のいわば「非公式」な場での「実践」を指す。

　前述のとおり、服部の沖縄における琉球方言研究上の「実践」については、①自らが琉球方言を積極的に学ぼうとしたこと、②沖縄本島のほぼ全域を周り、可能な範囲で方言調査を行ったこと、そして③琉球大学の学生たちに方言研究に関する手法を文字通り「実践」を通して示したことの3点に整理できる。それぞれについて、『日記』の記述をもとに紹介していきたい。

　まず、①について。服部は沖縄に滞在するにあたり、沖縄の言葉を話せるようになりたいとの願望を持っており、そのために仲宗根に「共通日本語（標準語）の話せないお婆さんの所に下宿させて頂きたいとお願いしてあった」のだが、実際に服部が下宿したのは武富せつという名の「戦前は標準語普及運動の急先鋒であられたという老婦人」であった[10]。仲宗根は共通語が話せないと服部が困るだろうという配慮で武富氏にお願いしたとのことであったが、服部に

してみれば「その困るのがいいので、困るからこそその土地の言葉を早くおぼ
えるのだ」ということになる[11]。10月7日の『日記』には「今日は武富先生に
なるべく首里語を使って頂くようにお願いする」(40頁) という記述が見える。

　服部は日常生活の中で実際に琉球方言と接していくわけであるが、その場面
について『日記』に記録されている個所には服部の内面をうかがうことのでき
るものもある。さしずめ、以下の記述などは、「学問的価値」というよりは、
そうした点から興味深いものである。

　10月5日 (水)
　　帰途7〜8才の男の子が3人ガラス玉を弾く遊びをしているのを見る。方言を
　使っているのだが、ほとんどわからない。
　　昨日昼頃、首里の山城饅頭なる看板をかかげた店に入りマンジューを食い居
　りしに、40才余りの婦人二人来り方言で会話を始めた。遠いのとラジオがやか
　ましいのできさとれなかったが、それでも方言が話されているのを知ってうれ
　しく思った。今までに自分に話しかけられる時は日本語ばかりなので、少し
　がっかりしていた所だ (39頁)。

　10月20日 (木)
　　子供達が遊んでいると耳を傾けながら立ちどまる。皆方言を話しているので
　うれしくなる。女学生にクマーマーヤカー〈ここはどこかの意……上村〉と尋
　ねて、タカエスデス〈高江洲ですの意……上村〉と答えられてがっかりする
　(63頁)。

　10月25日 (火)
　　70才余りの老婆が来たので、「健児の塔はどこですか」と標準語で聞いたのに
　方言で教えて呉れたのでうれしかった。ことにそれが全部わかったのでうれし
　かった。こういう事件がそれほど稀なのを残念に思う (69-70頁)。

　これらの記述は、琉球方言研究者として方言に対し厳格に向き合う言語学者
としての服部の姿ではなく、長年のあこがれであった沖縄に来て実際に日常生
活の中に方言の存在を確認できたことによる喜びや、方言をめぐる悲喜こもご
もの気持を素直に書き表している、いわば「無邪気」ともいえる服部の姿を

第8章　服部四郎の来沖―『服部四郎 沖縄調査日記』を読む―　107

示している。これらは、「日記」という他人に見せることを前提として書かれるものではない形式のために、学術論文からだけではうかがい知ることのできない服部の一面を示すことができたものといえよう。

　なお、服部がより多く琉球方言に接するために劇場にも通っていたことはすでによく知られている。例えば、以下もよく知られたエピソードであるが、10月22日（土）の日記には次のようなことが記されている。

　　　那覇劇場へ奥間英五郎一座の劇を見に行く。午后8時開演。
　　　現代劇は稀に日本語を混ぜる外はほとんど沖縄方言。時代劇は士達が刀を1本ずつさしていて大剣劇となる。ほとんど方言ばかり。芝居そのものは面白くないが、沖縄方言がこんなに沢山話されるのを聞いたのは始めてだからうれしかった。但し、所々わかるだけでわからない方が多い。10数才の子供達でもわかるようだから、方言を話す人々は那覇でもかなりいることがわかる。武富先生のお話ではこういう芝居は下層の人々が見に行くのだと（65-66頁）。

　下宿先として世話になっている武富せつに劇場通いがばれて、このことがあって後は武富が服部についてくるようになったとのことである[12]。
　次に、②について。服部が記しているように、沖縄滞在中、仲宗根が服部を「最北の辺戸岬から最南の摩文仁まで隈なくといってよいほど」案内したが[13]、その中で服部は方言調査を実施している。例えば、次のような記述が見える。

10月29日（土）
　午前11時琉球新報社集合。久高島調査旅行にでかける（中略）。
　晩に子供達に発音を教わる。［tʼ］は喉頭化無気音でdental、それに対する無声有気音は［ᵗθ］はぐき音でそりじた。ほとんど破裂させず［θ］をわたり音的に発音、舌尖は下へflapする。［Φ］もごく弱い破裂音が聞こえ、［Φ］はわたり音。いずれもmellow。ヒツジ「pʼiˉ」:「pʼⁱzaˉ」ヅとズの区別なし。tʼiriN《太鼓》、miri《水》、hiri《傷》、hari《数》（78-81頁）。

11月6日（日）
（前略）仲宗根氏が当地の高等学校の先生と連絡をとり、ベノキ（国頭村字辺野

喜）の調査が円滑に行くように手配して呉れられた。

（中略）

　金城親吉氏の宅で調査を開始。東恩納寛朝（74才）さんと当地小学校の先生、金城親孝氏（26才）と3人を調べる。言葉も答えも極めて明確である。アクセントもはっきりしていて当方の問いに速答を与える。非常によいinformantsである。仲宗根氏に従えば之が当地の気風で、最北端の奥oku の人々にもそういう特徴があると。非常に調査に協力的であった。1ヶ月位調査に来たら小学校の宿直室にとめて呉れるという。調査に4時間かかった。（91-92頁）

　なお、11月22日（火）の日記には、「伊平屋のお婆さんの言葉を調べに行く。名嘉君、松田君、山里君がついて来る。このお婆さんきっすいの島生まれだけれど我々に向って言葉をやや那覇式に改めて教える傾向あり、てこずる」（107頁）という記述が見えるとおり、調査は必ずしもすべてがうまくいったわけではないが、いずれにしても、これらの記述には方言を聞くことができて喜ぶといった「無邪気な」服部の姿はない。これらが示しているのは言語学者、琉球方言研究者として方言調査を行う「実践者」としての服部の姿であり、インフォーマントの発音やアクセントを正確に記述しようとする姿である。

　沖縄滞在中、服部は『沖縄タイムス』や『琉球新報』『琉球大学新聞』などに琉球方言に関する論考を発表するとともに、講演も行っている。講演については、それについての記事がやはり『沖縄タイムス』や『琉球新報』に掲載されているが、必ずしも意を汲んでいないとの不満もあったようである[14]。それらの中には『日記』に資料として収められているものもある。先述のとおり、そうした論考や講演に対しては思いがけない厳しい反応があったようであるが、それにもかかわらず服部が精力的な活動を続けていることを『日記』に見て取ることができる。

　最後に、③について。10月21日（金）の日記には次のような記述が見える。

　講義後学生達5人が集って方言研究の相談をする。八重山、宮古、久米、久志、伊平屋出身の学生達。金曜日の午后4〜6時にやること、段々時間をふやすこと、日曜毎に自動車で方言調査に出かけること、など相談する。仲宗根氏は勿論参加される（64頁）。

第8章　服部四郎の来沖―『服部四郎 沖縄調査日記』を読む―　*109*

　この件につき付された「注1」には「琉大、琉球方言研究クラブ結成契機の最初に当たる」と記されているとおり[15]、服部が琉球大学で国語学、言語学を講じるとともに、自らが積極的に琉球方言を学ぼうとし、また方言調査を実施したことは、学生たちの中に琉球方言研究への意欲を掻き立てることとなり、やがてそれは「琉球大学琉球方言研究クラブ」の創設へと結実する。例えば、上記5人のうちの一人で伊平屋島出身の名嘉順一は、戦前、小学生の頃に「さようなら」がどうしても言えずに「マタヤー」と言ったために叱られ、それ以来、「方言は使ってはいけないもの」と思っていたが、仲宗根の「国語学概論」の授業で「方言が学問になる」ことを初めて知り、驚いたという[16]。名嘉は当時の学生の中で最も多く『日記』に登場する人物であり、服部の沖縄滞在中、最も多く服部との時間を共有し、服部から影響を受けた人物でもある。名嘉の名前が登場する個所をいくつか紹介しよう。

10月17日（月）
　昼食の時間に男子寄宿舎の下の売店でウドンを食べていたら、一昨日仲宗根君と来た名嘉という学生が牛乳を飲みに来た。新聞について話す。琉球新報は軍の宣伝画報を出している位で、アメリカにへつらう傾向あり、読者も少ないと。沖縄タイムスはその点では骨があり読者も多いと（53-54頁）。

　服部の日記に出てくる名嘉との場面には、上記のように沖縄の新聞のことや、伊平屋島でやる男と男の歌合戦の話（127頁）などがあり、また服部がレコードを買っている時に、名嘉が買い物について歩いてくれたこと（95頁）や、久高島で道に迷って墓地の脇に出、村人が見ることを禁じている風葬場を「はからずも見ることができた」こと（126-127頁）などが記されている。
　また、次のようなことも記されている。

11月7日（月）
　雨後曇り
　晩に名嘉君とマカベ殿内の家に首里語を習いに行く。同君が元下宿していた家であると。60才余りのお婆さんで標準語がほとんどできない。はっきりした

110

首里語を豊富に聞くことができた（94頁）。

　これは、琉球方言を話せるようになりたいとの服部の願望が武富せつの下で
は難しいということで、名嘉が元下宿していた家の女性を紹介したときの日記
である。これらのエピソードは、これまでに発表されたエッセーにも記されて
いて必ずしも新しいものではないが、服部がこれ以降、真壁ツルというこの女
性の下で方言調査を兼ねてかなりの頻度で首里語を教わることになることを考
えるとき、服部における名嘉の存在は大きかったといえよう。また、名嘉に
とっても、この3カ月間、服部と親しく接したことは青春の一コマとなったに
違いない。先述のとおり、名嘉は後に東京大学言語学科の研究生として服部か
ら直接の指導を受けることとなる[17]。

3．戦後沖縄社会の観察

　沖縄に着いた10月3日（月）、服部は琉球大学を訪れるとともに、首里や那覇
の町を訪ねている。少し長くなるが、その記述を見ておきたい。

　　　午前中琉球大学を訪れる。旧城址に、立派なビルディングがいくつも建って
　　いる。工事中の図書館はかなり大きい。その中に一室を与えられる。
　　　学長始め諸教授に会う。学生達も先生方も陽にやけて元気そうだ。
　　　首里は最もひどく戦禍を被った所、垣も何もない所に新しい家がポツポツ建
　　てられているのは異様。城の石垣その他も崩れて跡かたもなし。
　　　午后、武富氏の案内にて那覇の市街に行く。メインストリートはかなりのビ
　　ルディングが盛んに建ちつつあり、商品も豊富で立派な町。田舎向けの卸商店
　　の並んでいる通りではトラックが軒並に並んでいる。行政府の建物は4階建。4
　　階と3階とを米軍が占領して居り、米国旗をひるがえしている。両翼に立法府、
　　最高裁判所あり。町を少し散歩して帰る。タクシーにて¥45（日本金にすれば
　　その3倍）（34-35頁）。

　時代背景について触れておきたい[18]。1945年3月26日、米軍が慶良間諸島

に上陸して、いわゆる沖縄戦が始まった。4月1日、米軍が沖縄本島に上陸し、4月5日には軍政府が成立している。そして6月23日には牛島満率いる第32軍による組織的抵抗に終止符が打たれた。日本がポツダム宣言を受諾して連合国軍に無条件降伏した8月15日、沖縄では仮沖縄人諮詢会が招集され、同日、米軍統治下の沖縄の民政機関として沖縄諮詢会が成立する。その後、沖縄の民政機関は沖縄民政府、沖縄群島政府、琉球政府と変遷し、1972年5月15日には沖縄県として日本に復帰することになる。

　戦後沖縄にとって、重要な転換点となったのは1950年であった。それは2つの意味においてである。

　第1に、日本復帰運動が組織的なかたちを明確にし始めたことである。この年、シーツ施政の下で初の主席公選が実現し、沖縄群島知事選挙が実施されて平良辰雄が当選した。平良は選挙運動中に日本復帰を唱え、知事当選後は復帰運動を組織的に展開していったが、その平良を支えた政党が知事選挙を機に結成された沖縄社会大衆党である。以後、同党は、1947年に結成された沖縄人民党とともに「復帰政党」として日本復帰運動の一翼を担うことになるのである。なお、1952年には沖縄群島政府は廃止され、琉球政府が成立している。

　第2に、シーツ施政のもう一つの側面である基地建設が本格化したことである。ただし、シーツは基地建設とともに沖縄の開発を同時並行的に行ったため、主席公選の実現とあわせてシーツ施政は「善政」と呼ばれることもあるが、これ以後、沖縄は実質的に「基地の島」と化していくのである。

　服部が来沖した1955年、沖縄は琉球政府の時代であった。1950年以降、基地建設も本格化していた。そして、この時にはすでに「日本復帰」の実現を目指す方向は既定路線となっていた。この時代、日本復帰運動は米軍による異民族統治から沖縄を解放することを意味していた。こうした時代の空気あるいは雰囲気は、実際に沖縄に滞在する機会を得た服部の沖縄認識に何らかの影響を与えたであろうか。少なくとも、服部は、10月9日の日記で、沖縄戦を実施した米軍について非常に激しい言葉で次のように非難している。

　　　姫百合塔に詣ず。鍾乳洞の大きな竪穴。機関銃を持っていた兵隊が一緒だっ

たとはいうが、それにしてもほとんど抵抗できないものを毒ガスを用いて殺した米軍は鬼畜というべし。

　魂魄の塔　海岸との間に低い丘があり、北面は広い甘藷畑、これでは武器があっても抵抗のしようがない。兎狩りのようなもの（43頁）。

　ひめゆりの塔については、いうまでもなく服部の親友で仲宗根政善が率いたひめゆり学徒隊にまつわるものであり、服部としてもどうしても訪れなければならない場所であった。それだけに高ぶる感情を抑えることができなかったのかもしれない。

　さらに、10月15日（土）の日記には次のように記されている。

　　午前中に銀バスにて胡座に行き（¥18）、更に石川市まで行く（¥18）。帰りは大山経由にて帰る（石川からここまで¥30　一時間余）。
　　普天間あたりまでは、多少あれているようには思ったが、沖縄の田舎の景色を楽しむことができた。然るにそれ以北はほとんど家が立ち並びペンキを塗ったカフェー飲屋なども多く、基地化している。石川市なるもののそういう種類の家が多い。帰りは普天間から、大山、大謝名、安謝などを通ったが、米軍の建物がいずれも広々とした土地をとっているのには驚いた。住家にしても全部平屋で庭を思う存分とっている。米国内でもできないことをしている。沖縄は依存経済だというが、余の考えでは然らず。これだけの土地を貸して居れば、それだけでも働かないで食えるはずだ（50-51頁）。

　服部はこうした沖縄の風景の中に戦後の沖縄が直面している問題を見た。地獄図絵のような沖縄戦を経て米軍統治下に置かれた沖縄の姿を見た。どうにも我慢できなくなった服部は、1956年7月4日の『朝日新聞』に「日本民族の歴史の宝庫―沖縄の島々―」と題する論考を発表し、その中で「方言は全く同系統」「総て変わり果てた姿」「胸打つ戦没記念塔」「基地と貧困の対照」などと小タイトルを付して沖縄の現状を伝え、「冷淡な法律論をもてあそぶ日本人はもちろん、無理解な外国の人々にも、わたくしは、ぜひ沖縄島をくまなく、かつつぶさに視察するように勧めたい」と記している[19]。この論考が外国人と思われる人物からの服部への激しい抗議と恫喝を引き起こしたことは前述のとお

りであるが、服部の人格を変えるまでになったこの「事件」の後も、服部の沖縄への関心が揺らぐことはなかった。

4．服部の残した謎

　12月26日、服部は沖縄を離れた。沖縄を離れるにあたり、服部を招聘した琉球大学の教員が中心となって送別会を開いた。12月18日のことである。その席で、服部は後々までも語りつがれることになるエピソードを残した。それは、服部が流暢な首里方言で挨拶したことだが、これについて、屋比久浩は、その挨拶が「ありがとうございました」程度の短い挨拶言葉ではなく、数分間にわたる首里の上品な言葉での見事な「即興」のスピーチで、沖縄育ちの全員が脱帽したと回想している[20]。この点について、日記の記述を確認しておこう。

　　　晩に首里の京屋という風流な料亭で文学部の方々の送別会。余、首里語で一場の挨拶をする。皆シンとして聞いているので間違えられなくて困った。全く首里人のようだとの批評であった（143頁）。

　服部を招聘した仲宗根も、このスピーチから30年以上経ってなお「（服部）教授は、どこでどうして首里方言を修得されたのであろうか」と不思議そうに回想している[21]。また、『日記』の編者である服部亘氏も「編者の陪席した平成19（2007）年2月14日の仲宗根政善先生13回忌の席でも、この『伝説』が話題になったから、余程の語り草となったのであろう」（288頁）と記しており、この件については送別会の席にいた誰もが服部のスピーチの見事さを褒め称えるとともに、服部が「どこで、どうして首里方言を修得したのか」という一点については誰にとっても長く謎として残り、やがて「伝説」と化していったのである。

　実は『日記』には未発表の資料として、この謎に対する服部自身の告白が収録されている。服部亘氏によると、「沖縄に関する二つの告白」と題されたこ

の未発表原稿は、平成9年6月18日から同10年8月31日にかけて行われた、服部の蔵書目録作成中にアルバイト学生が発見したという（287頁）。

　まず、服部はこの「告白」の中で、この件についてはどこかで公表すべきであるとの思いを持ち続けていたとして次のように記している。

　　　この噂はずいぶん広まっているようで、東大で同僚であって日本学士院でも同僚になった心理学者の梅津八三君にも、さらに宮中にまで届いていることを知って驚いている。それで、それに対応する事実を、ぜひどこかに公表しておきたいと思い続けていたのである（282頁）。

それでは服部自身に謎解きを語ってもらおう。

　　　（前略）つね日頃言っているように、私はスピーチが苦手であり大きらいである。心にもない美しい言葉を当たりさわりのないように並べることが出来ないからである。ところが、心に持ち続けている話題があるときには、案外堂々としゃべれるのが常だ。
　　　琉球大学での3か月の招聘講師の任務が終わるころ、私のために別れの宴を設けて下さることが分かったので、これは一つのよい機会だと思った。しかし、共通語でそういう挨拶をしたところで、話し下手の自分の言うことは気の抜けたものになるだろうと思った。
　　　幸い私は、故比嘉春潮氏について首里方言の動詞・形容詞の活用体系を中心とする文法を研究したことがあった（『世界言語概観　下巻』昭和30年5月）ので、必要な名詞的表現の首里語形を調べれば、スピーチの草稿は書けたのである。しかし、それを琉大関係の人々に教わったのでは、事前にばれてしまうので、故伊集盛吉氏にお教えを請うことにした。（中略）それで私は、首里儀保町のお宅を訪れて、草稿を読んで誤りを訂正して頂くことにしたのである。
　　　音韻表記で書いたこの草稿を読んで、伊集氏に従って、全部首里語のアクセントを記入した。このようにして出来た原稿を私が読むのを、そばで聞いておられた奥様が、首里人が話しているようだと驚いておられたので、これで大丈夫だと思った。この紙切れの原稿をポケットに入れて数回暗誦した。そして、その挨拶をして、居合わせた方々を驚かせたのである。「完璧だ！」とか「（首里語は）もう卒業だ！」と言って下さった方があったことを覚えている。あの紙切れはどこかへ棄ててしまったが、惜しいことをしたと思う（283-284頁）。

第8章 服部四郎の来沖―『服部四郎 沖縄調査日記』を読む― 115

　これが服部による「種明かし」である。服部のスピーチは屋比久が言うような「即興」ではなかった。スピーチを聞いた誰もが首里人と間違うほどまでに入念に準備されたものであった。この服部の「告白」により長年の謎が氷解したわけだが、服部自身はずっとこのことが頭から離れず、うわさが独り歩きしたことをどこかで気にかけていたのであろう。先の引用に続けて次のように書いている。

　　右述の記念論叢にも書いたように、私は首里の日常会話語はついに習得できなかったのだから、首里語が自由にしゃべれるようになったわけではない。あの程度の長さのスピーチなら楽に暗誦できたので、何のメモもなく手ぶらでご挨拶したから、琉大の方々が、私が首里語がしゃべれるようになったと誤解されたのである（284頁）。

　この原稿が服部在世中に発表されていたなら、服部の気持ちも随分と楽になっていたことであろうが、死後にそれが発見されたということは、少なくとも在世中、この件に関して服部の気持ちは本当の意味で晴れてはいなかったのかもしれない。
　ともあれ、服部の来沖は、服部が最後に示したサプライズによって思わぬ謎を残して終わることになったのである。

　おわりに

　以上、服部の『日記』をもとに服部来沖の意義について見てきた。
　服部の来沖は、戦後沖縄における琉球方言研究の画期をなすものであった。その意義を一言で要約するならば、服部の来沖によって琉球大学に琉球方言研究の種が播かれたことということになるであろうか。服部を沖縄に招いた仲宗根は服部を琉球大学に招聘するに当たり、旧交を温めたいという思いと、服部から直接に指導を受けたいとの思いがあったが、それはともに叶うこととなった。そして、沖縄戦前後以降、琉球方言研究から遠ざかっていた仲宗根は、これを機に再び琉球方言研究に取り組むことになる。それは、やがて、仲宗根と

彼の指導を受けた、例えば名嘉順一をはじめとする学生たちによって「琉球方言研究クラブ」として結実するのである。

【註】

1）本章では、『日記』における「日記本文」からの引用については、文中に頁数を記して示すことにし、それ以外の「解説」や「資料解説」「資料本文」からの引用については註で示すことにする。なお、引用文については、文中に挿入された編者と校正担当者による「注」は必要な場合を除いて、引用文中からはずしてある。服部の文章をそのまま引用したいという筆者の判断によるものであり、それ以外ではない。

2）沖縄で用いられる言葉をどのように表現するか、すなわち「琉球語」か「琉球方言」かといった問題については、服部自身は、「琉球語」とも「琉球方言」とも記しており、『日記』においても「首里語」といったように方言名ではなく言語名で記していたり、沖縄の言葉を「日本語」と同格に対置するような表現がみられるが、服部の中では「琉球方言」という認識へと収斂していったように思えるので、本稿では「琉球方言」と表記することにする。なお、こうした沖縄の言葉を言語とみるか方言とみるかに関する服部の認識については、安田敏朗「『琉球語』の不在―服部四郎を軸にして―」『近代日本言語史再考』統合　原理としての国語』三元社、2006 年、263-350 頁、参照。

3）筆者は、これまでにも服部来沖と戦後沖縄における琉球方言研究についてまとめたことがある。例えば、拙稿「仲宗根政善と琉球大学琉球方言研究クラブ―戦後琉球方言研究の黎明―」『沖縄研究ノート』16、2007 年、1(44)-14(31)頁（本書第 9 章）。拙稿「戦後沖縄における琉球方言研究―仲宗根政善と琉球大学琉球方言研究クラブ」『2006 東京研究大会　多言語社会研究会年報 4 号』2007 年、120-132 頁。

4）仲宗根政善に関しては、前掲拙稿に加えて、拙稿「仲宗根政善生誕百年を迎えて」、『沖縄　研究ノート』17、2008 年、1(88)-10(79)頁参照（本書第 10 章）。

5）服部旦「はじめに」『日記』所収、3 頁。

6）同前、4 頁。

7）同前、3 頁

8）同前。

9）服部四郎「琉球方言研究クラブの 30 周年を祝って」『日記』所収、277 頁。

10）同前、273 頁。

11）同前。

12）同前、274 頁。

13）同前、275 頁。

14）例えば、服部は 12 月 2 日（金）の日記に次のように記している。

> 「琉球新報」の記事は大体よきも「沖縄タイムズ」のは余の趣旨が全くわかっていない書きぶり。まちがいだらけ。金関氏に関することなど困る。(『日記』115頁)

　なお、ここに言う「金関氏」とは人類学者の金関丈夫のことで、服部の沖縄滞在中、服部との間に日本人の言語と民族の起源に関する、いわゆる「服部金関論争」が起こった。

15) 『日記』64頁。

16) 名嘉順一「『方言』が学問になる」琉球方言研究クラブ30周年記念会編『琉球方言論叢』1987年、575頁。

17) 名嘉は服部について、以下の論文で回顧している。名嘉順一「服部四郎」『国文学解釈と鑑賞』平成14年7月号、2002年、177-180頁。

18) 時代背景に関する記述については、以下の拙稿を参照。「戦後沖縄の政治と沖縄社会大衆党」『姫路法学』第29・30合併号、2000年、94-117頁（本書第5章）。「戦後沖縄の政治と政党」『沖縄研究仙台から発信する沖縄学』所収、2010年、大風印刷、103-131頁。

19) 服部四郎「日本民族の歴史の宝庫―沖縄の島々―」『日記』所収、258頁。

20) 屋比久浩「琉球方言の研究―零からの出発とその体制の構築」『国文学解釈と鑑賞』平成14年7月号、2002年、36頁。

21) 琉球方言研究クラブ30周年記念会編『琉球方言論叢』1987年、1頁。

22) 引用文中にある「首里儀保町」は原文では「首里寒川町」となっている。本稿では編者によって正しく訂正された「首里儀保町」として引用することにする。

第9章
仲宗根政善と琉球大学琉球方言研究クラブ

はじめに

　本章は、戦後における琉球方言研究の黎明を、仲宗根政善と琉球大学琉球方言研究クラブに焦点をあてて、考察することを主たる目的とする。

　琉球方言研究については、明治時代のチェンバレンによる研究を出発点とし、以後、柳田国男や「沖縄学の父」と呼ばれる伊波普猷をはじめ、宮良當壮、金城朝永、服部四郎、平山輝男などが戦前の研究を担ってきた[1]。しかし、沖縄戦を経て、沖縄が米軍統治下に入る中で、琉球方言研究を進めていくことは非常に困難となっていった。服部四郎の弟子で、後に仲宗根政善の後任として琉球大学に赴任することになる上村幸雄は、国立国語研究所にいた当時、「わたしのように国立国語研究所のような、研究者として日本の中では相対的にめぐまれている場所にいた者ですら、度かさなる希望の表明にもかかわらず、当時外国であった沖縄へは一度も行かせてもらえなかった」と記している[2]。上村は、当時の日本の「国語学」における琉球方言研究の占める位置が、その本来の大きさとは異なって小さかったことや、県外の諸研究団体や諸学者が短期間で実施した調査やそれで得た資料などが信頼度において問題のあるものが少なくなかったことなど、琉球方言研究をめぐる当時のいくつかの事情を述べたうえで、琉球方言研究に関しては、地元沖縄に研究の中心が移るべきであること、

第9章　仲宗根政善と琉球大学琉球方言研究クラブ　*119*

「こと方言学となれば、ほんとうによい仕事がなしとげられるのは、方法さえ
よければ、地方にいる人にこそ、そのチャンスがある」と記した[3]。そして、
当時、東京にいた上村は、琉球大学に学生のクラブとして琉球方言研究クラブ
が生まれ、活躍を始めたというニュースを聞き、「将来もっとも期待をかけら
れるであろう可能性をひめた集団は方言クラブとそのOBにちがいない」と思
うようになったという[4]。

　今日、全国的に琉球方言研究が発展し、その裾野が豊かな広がりを持ってき
ていることは周知のこととなっている。そのような今日における琉球方言研究
の隆盛を考えるとき、筆者は、この琉球方言研究クラブを、戦後、地元沖縄に
おける琉球方言研究の黎明を告げるものと位置付けることができると考える。

　以下、本章では、同クラブの創設と発展に大きな影響を与えた仲宗根政善に
ついて整理し、同クラブの活動についてまとめて、戦後、沖縄における琉球方
言研究の黎明について考察していきたい。

1．仲宗根政善

　言語学者で仲宗根政善の終生の親友であった服部四郎は、仲宗根の略歴につ
いて、以下のように簡潔にまとめている。なお、各段落文頭の番号は筆者が、
記述の便宜上、付したものである。

① 　仲宗根政善君は、明治40年に、北山城址に真近い国頭郡今帰仁村与那
　嶺に生まれ、首里中学校、福岡高等学校を経て、昭和7年に東京帝国大学
　文学部国文学科を卒業し、帰郷後、郷里の県立第三中学校（現在の名護市
　にあった）で教鞭を取るかたわら、自己の方言研究を始めた。

② 　昭和20年に沖縄島が戦場と化した時には、県立女子師範学校の女生徒
　を引率して島の南部を転戦し、最南端で負傷して倒れ、九死に一生を得た
　が、研究資料はすべて失った。

③ 　戦後、琉球大学教授となり、図書館長、副学長を兼ねながらも、良く後
　進を指導し、琉球方言研究の今日の盛況の基礎を築いた。一方、自らも琉

球方言とその歴史の研究を進めるとともに、自己（および父君）の与那嶺
方言の大辞典を完成したのが、本書である。

（服部四郎「仲宗根政善君の『沖縄今帰仁方言辞典—今帰仁方言の研
究・語彙篇—』に対する授賞審査要旨」『日本学士院紀要』第40巻第2号、
1985年『一言語学者の随想』汲古書院、1992年、所収、427-428頁）。

各段落の記述に少し補足をしておきたい。

①について。仲宗根は東大在学中に琉球方言研究の道を歩み始めるが、その
点で仲宗根に大きな影響を与えたのは服部四郎であった。仲宗根は2年生の時
に橋本進吉の「国語学演習」を受講するが、当時、服部は仲宗根の1年先輩で
橋本ゼミに所属していた。服部は仲宗根が沖縄の今帰仁村出身であることを
知って、仲宗根をインフォーマントに調査を行った。また、服部は、仲宗根が
3年生の時、東大を卒業して副手となるが、服部はその頃仲宗根政善に音声学
の「特別講義」を東大図書館の屋上で行っている。その時のことについて、服
部は次のように回想している。

　　私の副手時代、仲宗根君が3年生のときに、同君に音声学を習得して頂いて、
　ご自身の方言の記述的研究をやって頂くために、東大図書館の屋上などで、G.
　Noël-Armfield の General Phonetics を使いながら、音声学の特別講義をした。
　（服部四郎「祝辞」仲宗根政善先生古稀記念論集刊行委員会編『琉球の言語と文
　化　仲宗根政善先生古稀記念』1982年、4頁）。

仲宗根にとって、服部との出会いは琉球方言研究者としての仲宗根の将来を
決定づけた。仲宗根自身、次のように回想している。

　　昭和4年に、東京大学に入学して、橋本進吉先生のお教えを受けたが、そこで
　服部四郎氏にめぐりあった。氏が与那嶺方言を調査して、整然とした法則を見
　出して示されたことが刺激になって、この方言研究を始めた（仲宗根政善『沖
　縄今帰仁方言辞典—今帰仁方言の研究・語彙篇—』角川書店、1983年、2頁）。

第9章　仲宗根政善と琉球大学琉球方言研究クラブ　*121*

　東大在学中、仲宗根は、服部四郎だけではなく、柳田国男や「沖縄学の父」といわれる伊波普猷にも直接学ぶ機会を得た。仲宗根は、当時、小石川に住んでいた伊波のもとに遊びに行ったこともあり、卒業する頃までには随分とかわいがられたと回想している[5]。また、伊波との間に手紙のやりとりもあり、そのことについて仲宗根は、次のように記している。

　　私は先生から数多くの御手紙をいただいた。ときには短歌を添えてあったこともあり、新発見のよろこびを知らせて下さったり、調査事項の連絡などいろいろあった。他日、貴重な資料になることを思い、一枚一枚丹念に綴って大切にしまっていた（仲宗根政善「思い出」『伊波普猷全集　月報8』1975年、2頁）。

　東大時代、仲宗根は柳田、伊波、橋本などの碩学と出会い、また服部という生涯の知己を得て琉球方言研究者としての道を歩むことになるのである。
　②について。沖縄戦で仲宗根政善が引率した女生徒たちは「ひめゆり学徒隊」としてあまりにも有名である。仲宗根は沖縄戦で戦争中も肌身離さず持っていた方言調査ノートを失った。仲宗根は、帰郷後、教員として勤務するかたわら、東京の伊波普猷からの依頼（蚕蛹の方言調査）もあり、学生たちを引き連れて積極的に方言調査を行っていた。仲宗根は、すでに1932年には「今帰仁方言における語頭母音の無性化」を『南島談話』第5号に発表していたが、1934年には「国頭方言の音韻」を『方言』第4巻第10号に、1937年には「カ行変革『来る』の国頭方言の活用に就いて」を『南島論叢』に相次いで発表している。
　仲宗根にとって、方言調査ノートは琉球方言研究者として何物にも代え難い貴重な資料であった。逃げる最中に自らも負傷した仲宗根は、生徒たちと沖縄最南端の喜屋武岬まで追い詰められ、米軍による包囲が迫る中、自決しようとする生徒たちに生きることの大切さを説き、米軍の捕虜となる道を選んだ。1951年、仲宗根は『沖縄の悲劇―姫百合の塔をめぐる人々の手記』（華頂書房）を出版する。沖縄戦、とりわけ「ひめゆり学徒隊」と時間を共有した経験は、その後の仲宗根に非常に大きな影響を与えた。戦後、仲宗根は沖縄戦戦没学徒援護会の副会長、「ひめゆり平和祈念資料館」館長、「沖縄戦記録フィルム1

フィートの会」代表、「一坪反戦地主会」顧問などを務め、反戦平和運動に関わっていくのである。

③について。戦後、仲宗根は沖縄諮詢会で文教部編集課長を務めたり、沖縄群島政府で文教部副部長を務めたりするなど行政に関わって、琉球方言研究からは遠い位置にあったが、1952年、沖縄群島政府の廃止に伴って琉球大学に転じたことで、以後、琉球方言研究に再び取り組んでいくことになるのである。そして、後述するとおり、1957年、琉球大学に仲宗根を顧問として琉球大学琉球方言研究クラブが創設される。その後、同クラブからは名嘉順一をはじめ、数多くの琉球方言研究者が育っていくことになるのである。

なお、③の末尾にある「本書」とは『沖縄今帰仁方言辞典——今帰仁方言の研究・語彙篇』（1983年、角川書店）のことである。同辞典は仲宗根の不朽の業績として広く知られ、1984年には、仲宗根はこの業績により日本学士院賞・恩賜賞を受賞した。①～③に引用した服部の文章は、この時の「授賞審査要旨」である。上村幸雄によれば、仲宗根の生まれた「今帰仁村与那嶺」という地名は、1932年頃から日本の方言学者の間で有名になり、「日本語の研究、とくに日本の方言学を研究する人にとっては誰ひとり知らない者はいない地名」になっていたという[6]。前述のとおり、仲宗根は1932年に「今帰仁方言における語頭母音の無声化」を『南島談話』第5号に発表したが、それ以降、今帰仁と今帰仁方言に関する文章を多く残している[7]。

1995年2月14日、仲宗根は87歳でこの世を去った。生まれ故郷の今帰仁と今帰仁方言を、終生、こよなく愛し続けた人生であった。

2．国語学概論

琉球大学は1950年に開学した。『琉球大学五十年史』（琉球大学開学50周年記念誌編集専門委員会編、1981年）に資料として掲載されている「琉球大学50年略年表」によれば、琉球大学には開学当初、6学部（英語学部、教育学部、社会科学部、理学部、農学部、応用学芸学部）があったが、それらは、1952年、

第9章　仲宗根政善と琉球大学琉球方言研究クラブ　*123*

新学則により、英語学部を語学部に、応用学芸学部は商学部と家政学部に分離改組することで8学部に再編成された[8]。仲宗根が所属したのは語学部国語学科（国語専攻）であった。仲宗根が担当したのは「国語学概論」（4単位）であった。仲宗根はこの「国語学概論」において琉球方言について講義した。この講義を受講した名嘉順一、比嘉政夫は次のように語っている。

　　大学で学ぶようになって、はじめて「ほうげん」についての講義をきいた。それは仲宗根政善先生の「国語学概論」の講義であった。「方言」に学問があるとは、わたしにとって驚きであった。戦前、小学生のころ「さようなら」が、どうしてもいえなくて「マタヤー」といったために叱られた。それ以来、方言は使ってはいけないものと思っていた（名嘉順一『「方言」が学問になる』琉球大学琉球方言研究会30周年記念会編『琉球方言論叢』1987年、575頁）。

　　私の方言研究クラブへのかかわりは2年生のとき（1956年）、仲宗根政善先生の「国語学概論」の講義を受けたことから始まったと言っても過言ではない。「国語学概論」は国文専攻の者や国語の教師を目指すものには必修となっていて、仲宗根先生の講義内容の魅力とあいまって聴講する者が多かった。私も先生の講義ではじめて琉球の方言研究の重要さを学ぶことができたのである（比嘉政夫「方言研究クラブ創立のころ」同前、579頁）。

「国語学概論」の講義内容の魅力について、島尻澤一は自身の体験をもとに次のようにより具体的に記している。少し長くなるが、引用しておきたい。

　　わたしにとって先生との出会いは強烈であった。首里のキャンパス。先生の研究室のすぐ側にあった法文ビル二〇九号室。二年生になって国語国文学科の専門教科「国語学概論」という講義の最初の授業だったと思う。講義が進む中で先生の専門「方言」の話になった。確か沖縄の方言の特徴的な話をなさっていたと思うが、それがわたしの宮古島の方言の話になり、宮古島の方言には独特の音声が有るというような話の展開になった。話がそこまで進んだとき、先生が急にわたしの名前を呼んだ。今日初めて講義に出て今日に名前を呼ばれるという予想もしないような事態に、わたしはトゥルマルーした。
　　先生は、あの先生独特なにこやかな顔で静かに言った。「島尻君！　宮古の方

言で魚を言ってごらんなさい」「はい！　izu」「そうです。その最初に出てくる i
の音が中舌母音です。宮古方言には、中舌母音といろいろ子音が一緒になった
音があります。つぎにくぎは？」「fugi」「髭は？」「pigi」「すわるは？」「bi:」
「字を書くのは？」「kaki」「月は？」「tsikisu」「では、くわずいもは？」「はい、
bivgasa」大体このような会話だったと覚えている。その後、講義が有るたびに
宮古方言について同じようなことが何度か繰り返された。わたしにとって先生
とのこの会話は感動であった。わたしが方言研究に関わろうと思ったのは、こ
の時の先生との出会い、そして、方言問答のような会話がきっかけである（島
尻澤一「初めての講義で感動」沖縄言語研究センター編『追悼・仲宗根政善』
1998年、108-109頁）。

　琉球方言研究クラブOBで、現在は同クラブの顧問をされている狩俣繁久氏
（琉球大学法文学部教授）によれば、仲宗根の「国語学概論」は最初の授業で
仲宗根が「君はどこの出身？」と受講生それぞれの出身地を尋ねることから始
まったという[9]。それから、彼ら受講生たちをインフォーマントにした文字通
りの生きた方言調査が授業の中で展開されたのである。
　仲宗根が「国語学概論」で展開したこのような琉球方言に関する講義は、
「方言札」に象徴される沖縄における琉球方言史を考えるとき、そしてこの講
義が受講生たちに与えた影響を考えるとき、重要な意味を持っている[10]。島尻
は、高校を卒業するまで宮古方言を生活言語として過ごし、「方言札」の洗礼
も「いやというほど」受けていた。沖縄では宮古方言は通じず、共通語での会
話を試みるが、自分自身の中で「宮古方言⇔共通語」という置換を経験した
とき、島尻は自分を異国人のように思い、自分自身の中に方言コンプレックス
を増幅させていったという[11]。島尻は次のように記している。

　　宮古島から出てきて大学へ通い始めた一年生の頃が、まさにピークであった。
　そんな思いのなかで受けた講義が、あの「国語学概論」である。それまで「方
　言札」で叩きのめされ、宮古島を離れれば他人との会話にさえ何の役にも立た
　ず、私自身のコンプレックスの根源であった方言が学問として今語られている。
　それも私自身に向けられて。わたしは仲宗根先生との出会いで、それまでの方
　言コンプレックスという呪縛から解き放たれた。そして、自分の体に脈々と流

れている宮古の方言に誇りさえ感じ、これから方言を学問として自分のライフ
ワークにしようと決心した（島尻澤一、同前、110頁）。

　このような仲宗根のもとに琉球方言に関心を持つ学生たちが集まり、彼らの
中から「琉球方言を研究する勉強会を持ちたい」という動きが出てくるのは当
然のことであった。
　琉球方言研究クラブの創設については、仲宗根自身の文章を含め、ほとんど
の文献が次に取り上げる、1955年における服部四郎の来沖をそのきっかけとし
ているが、それと同時に、比嘉政夫の回想にもあるとおり[12]、仲宗根のこの
「国語学概論」は同クラブの創設に深くかかわるものであったことを忘れては
いけないであろう。

3．服部四郎の来沖

　1953年、琉球大学は、当時の文部省の援助により、県外の諸大学から講師
を招聘する制度を設けた。1955年、仲宗根の所属した国文学科での最初の招聘
教授として来沖したのが服部四郎であった。服部の招聘について、仲宗根は次
のように記している。

　　　私が副学長の頃、招聘教授の制度があった。私は、ひそかに、当時東京大学
　　で教鞭をとっておられた服部四郎教授をお招きしたいと考えていた。教授が、
　　果たして応じて下さるか、どうか不安もあったが、打診してみると、快く応じ
　　て下さりそうであった。
　　　1933年、東大卒業の翌年、正月早々、さびしく沖縄へ帰る私を、東京駅で
　　たった一人で見送って下さり、はげまして下さったのは、教授であった。私は、
　　旧交を温めたいと思った（仲宗根政善「琉球方言研究クラブ創設の頃」琉球方
　　言研究クラブ30周年記念会編、前掲書、1頁）。

　服部は仲宗根の招聘に応じ、1955年10月から12月末までの3か月間、沖縄
に滞在した。服部が講じたのは「国語学概論」とドイツ語であった。この時、

仲宗根は服部の講義を傍聴している。仲宗根は次のように記している。

　　　私は、副学長の仕事の合間をぬって、学生と席をならべ、傍聴した。教室は、
　　国文科の学生だけでなく、他学科の学生も一緒であった。教授の授業は、教室
　　に溢れるほどであった。熱気に溢れ、学生の間に方言研究熱が高まった（仲宗
　　根、同前、2頁）。

　続けて、仲宗根は、「この勢いで、琉球方言研究クラブの創設が計画された」
と記している。服部がこの時「国語学概論」で講じたのは、同じく東大教授で
あった時枝誠記の『国語学原論続編』をテキストにした時枝の言語過程説批判
であった。服部の講義について、屋比久浩は、「そのときの講義は主にソ
シュールのシンクロニックとダイアクロニックの別だとか、言語の意味の恣意
性とか、それから規則性だとか、ソシュールを土台にして、時枝をやっつけて
いたわけですね。その内容はその頃、仲宗根先生以外はおそらく誰もほんとに
理解できなかっただろうと思うんですね」と回想している[13]。屋比久の回想の
とおりであるとすれば、そのような服部の授業が、直接、受講した学生たちの
間に方言研究熱を高めたとは考えにくい。服部の授業内容は方言研究とは直接
に結びついていないからである。
　それでは、服部四郎の来沖における何がその後の琉球大学における琉球方言
研究に影響を与えたのであろうか。
　第1に、服部が沖縄滞在中に各地で方言調査を行ったことである。服部は10
月28日から12月25日までに、久志村字汀間（琉球大学にて）、久高島、国頭
村字辺野喜、久米島具志川村仲地（琉球大学にて）、伊平屋村字田名（那覇に
て）、久志村字汀間（現地にて）、宮古島平良市西里（琉球大学にて）、知念村
久手堅区、八重山石垣島大浜町字真榮里（琉球大学にて）、糸満町3区17班、
そして那覇市小禄9班の方言調査を実施している[14]。この調査旅行には琉球大
学の学生たちも同行したことが服部によって記されているので、同行した学生
たちには生きた方言調査の実習となった。仲宗根もこれらの調査旅行について、
「学生は、親しく教授に接して、調査方法を修得した」と簡潔ながら記してい
る[15]。服部の方言調査の道案内をしたのが名嘉順一であった。名嘉によれば、

服部は主に首里方言を週2回ほど調査し、大学でも学生や教員をインフォーマントに調査を行っていたという[16]。

　第2に、服部自身が琉球方言を積極的に学んだことである。服部は招聘を引き受けるにあたり、仲宗根に「共通日本語（標準語）の話せないお婆さんのところに下宿させてほしい」という条件を付けていた[17]。それは服部自身が琉球方言を話せるようになりたいと考えての要望であった。この要望は下宿先ではかなわなかったが、それでも服部は名嘉順一が探してきてくれた「共通日本語（標準語）の話せないお婆さん」（真壁ツル）を訪ねたり、首里劇場に行って首里語を学んだりした[18]。国文科を中心に教員有志で服部の送別会を持ったとき、服部は別れの挨拶を流暢な首里方言で述べた。屋比久によれば、それは簡単な「ありがとうございます」程度の挨拶言葉などではなく、数分間にわたる首里の上品な言葉での見事な即興のスピーチであり、沖縄育ちの全員が脱帽したという[19]。

　第3に、沖縄滞在中、服部は、「方言と共通語」など琉球方言に関する文章を残しているということである。『琉球大学新聞』第18号（1955年12月10日）に「琉球の諸方言」と題する一文を寄せた服部はその中で、これからの方言調査の在り方、あるいは方言研究の方向性について、方言地理学的研究の必要性や個々の方言に関する全体的な記述の必要性を説き、次のようにまとめている[20]。

　　琉球の諸方言が各地において忘れられつつある時、この様な研究は特に緊急を要すると思う。これらの方言は1度消滅するや、2度と復元するよすがはない。そしてそれだけ人類の言語に関する知識が狭められて行くばかりではなく、殊に身近な我々にとってはかけがえのない貴重な資料が永久に消えて行くのである。

　　私の予想では、まず琉球の諸方言を比較することにより、その歴史をかなり明らかにすることができるであろう。琉球の諸方言の比較研究を本土諸方言、少なくとも本州・四国の諸方言との比較研究に先行させる方が、全体的な研究を一層有利に展開せしめることになるであろうと、私は考えている。
　　いずれにせよ、これらの研究において、琉球大学が一大中心となることを

私は熱望する（服部四郎「琉球方言研究クラブの30周年を祝って」琉球方言研究クラブ30周年記念会編、前掲書、9頁）。

　服部は3か月に及ぶ沖縄滞在において、単に集中講義を行っただけではなく、言語学者として積極的に琉球方言調査を行うとともに、これからの琉球方言研究の進むべき方向、そして琉球方言研究における琉球大学が果たすべき役割についても積極的に提言した。

　服部の来沖と仲宗根、そして琉球方言研究クラブ創設との関係について、高橋俊三は「服部先生が鼓吹したからみんなが意欲燃やしたというより、服部先生は仲宗根先生を方言研究に戻らせる雰囲気を作って、そのあと仲宗根先生が皆さんを鼓吹した、という感じなんですかね」と述べている[21]。また、島袋幸子は「仲宗根先生が本格的に研究を開始されたのは1960年代に入ってからで、1955年10月に東京大学の服部四郎教授を集中講義の招聘教授として琉球大学に招いたのがきっかけになったようである」と記している[22]。服部来沖で最も影響を受けたのは仲宗根本人であった。仲宗根は、1930年代後半以降、戦争へと傾斜していく時代の潮流の中で琉球方言研究から遠ざかっていた。沖縄戦を経て、戦後になっても行政に関わって、研究を再開する機会はまったくといってよいほどなかった。1952年の琉球大学への赴任は仲宗根にとって大きな転機となったが、仲宗根の琉球方言研究の再開を決定づけるのは服部の来沖まで待たねばならなかった。服部は「仲宗根政善君は大学の車で沖縄島を最北の辺戸岬から最南の摩文仁まで隈なくと言ってよいほど案内して下さった」と記しているが[23]、服部の講義を傍聴し、服部の精力的な方言調査を目の当りにして、仲宗根は服部との旧交を温める以上のものを得た。そして、それが1957年の琉球方言研究クラブの創設へとつながるのである。

4．琉球方言研究クラブ

　前述のとおり、琉球方言研究クラブの創設につながる背景には、琉球大学における仲宗根の「国語学概論」での講義と、1955年10月から12月にかけての服部の来沖があった。学生たちの間で琉球方言への関心が高まり、仲宗根が再び琉球方言研究に意欲を燃やし始めたことで、琉球方言を勉強する会を持とうという声が学生たちの間から大きくなってきた。この声に応えたのが仲宗根であった。琉球方言研究クラブ創設当時の様子について、中本正智は次のように回想している。少し長くなるが引用してみたい。

　　さきほど話が出た国語学概論なんですよ。レポートでしたね、あれは。1回レポートを書けばいい、方言関係ならなんでもいいということで。それでただ講義だけ聞いてレポート書けといわれても書けるもんじゃない。そこで日曜ごとにほら、方言クラブがスタートする前からもう動き始めてましたね。毎日曜日、方言調査ということで。質問すると、さきほど話出たけれども、先生はお答えにならないで、図書館長室へ来いとかいわれて、非常にこわいところで、偉い先生のところというんで緊張しましてね。そこでこちらをインフォーマントにされて1時間とか2時間とか調査なさるわけですよ。こちらもどんどんひきこまれてしまって、それだけで足りなくて、名嘉順一という大先輩がいるからと。その人を中心に日曜日ごとに先生のお宅へおしかけていった。日曜、日曜記述をはじめると、1語1語音声と表記の指導をされた。活用のしかたとか。活用のさせ方は先生の「カ行変格『来る』の国頭方言の活用に就いて」『南島論叢』1937（昭和12）というのがありますね。あれがモデルになって、未然形、連用形、終止形とかね。方言の活用に即したその枠をまず覚えて、それで調査していく、その枠でもってすべての動詞を活用させてごらんなさい。でそれをまとめれば、これはドクター論文だよといわれて（笑い）、それでハッスルして、あのころまだ学生で方言に活用があるということもはじめてでしたから、ありったけの動詞を思い出すまま全部、何百という動詞についてウキラン、ウキンソーリ、ウキタン、ウキレー、ウキーン（起きる）という具合に、1語1語全部活用させて、それを1年間やった。それをレポートとして提出したんですね。そうしたらまたちょうど調査が熟してきた時期でもあったから、あんた方、自分

たちで機関誌を出しなさいと、まあこんなふうにいわれて、そこで大先輩の名嘉さん、照喜名さん、比嘉さんと協同して創刊号を出すことになった（「方言研究のあゆみ―歴史と展望―」仲宗根政善先生古稀記念論集刊行委員会編『琉球の言語と文化　仲宗根政善先生古稀記念』1982年、592-593頁）。

　引用文中の末尾にある「機関誌」とは、琉球方言研究クラブが発行している『琉球方言』のことであり、中本はその創刊号（1958年）に「奥武方言の動詞の活用」という論文を発表した。すなわち、上記の引用はその時のことについての中本の回想である。引用文中に出てくる、名嘉順一、照喜名繁夫、比嘉政夫、そして外間光栄が、1956年、「方言研究会」が発足した時のメンバーであり、翌1957年4月、仲宗根を顧問、照喜名を部長に、そしてメンバーに中本正智が加わって「琉球方言研究クラブ」が創設されるのである。比嘉や中本に名嘉を紹介したのは仲宗根であった。名嘉は服部の来沖で深く服部に接することによりすでに琉球方言研究者としての道を歩み始めていた。琉球方言研究クラブは仲宗根が結節点となって創設されたのである。
　琉球方言研究クラブOBの大山茂康は次のように回想している。

　　　結局、私が入部することになったのは、「琉球方言研究クラブ」であった。方言を話す習慣のなかった私は、何とかして方言で話せるようになりたいと考えたのである。ところが、私が想像していたのとは違って、当クラブで行われているのは、純然たる学問研究そのものであった。顧問は、当時、国文科の学生から最も信頼されていた先生で、私が敬愛してやまない仲宗根政善先生であった。それに英文科の屋比久浩先生、成田義光先生が特別会員として名を連ね、私たちに言語学、方言研究、音声学などの手ほどきをしてくださった（大山茂康「回想―発展期の琉球方言研究クラブ―」琉球方言研究クラブ30周年記念会編、前掲書、607頁）。

　琉球方言研究クラブは学生たちのクラブ活動の一つとして創設された。しかし、その活動は大山の表現を借りれば「純然たる学問研究そのもの」であった。同クラブの主たる活動は、①音声の聞き取りと表記の訓練、②方言調査旅行、③調査結果の大学祭（琉大祭）での発表、そして④機関誌『琉球方言』の発行

第9章　仲宗根政善と琉球大学琉球方言研究クラブ　*131*

である。加治工真市は次のように記している。

　　週3日（月、水、金）の放課後を活動日と定めて表記の訓練をした。服部四郎
　博士の『音声学』をバイブルのように読んで、沖縄本島から八重山までの、そ
　れぞれの出身地の方言を発音してもらい、それを正しく表記するという方法を
　とった。こうしてクラブ員全員が一応の表記能力をつけた頃、我々は本島南部
　の、一語音節と二音節語のアクセント調査を実施することにした。（中略）
　　我々は部員を2人1組の班に編成し、土曜日曜を利用して、本島南部の全集落
　を調査した。今日言うところの悉皆調査の魁をなすものと思う。夏休みを利用
　して南部一帯を調査し、その結果を12月の大学祭で発表した。地理学科から沖
　縄本島南部の一万分の一の地図を借りてトレースし、調査地点別に、アクセン
　ト型を図案化したそれぞれの記号を当該地点に与えて作図していった。出来上
　がった地図を文系ビル208教室の壁に掛けてアクセント分布の解釈を試みたのだ
　が、アクセント型の分布と集落の形成発展史との間に存する有意味な相関性を
　発見したときは、クラブ員一同狂喜したものだった。中山文化圏と南山文化圏
　が地図の上で見事な対立を示していたからである。十数名のクラブ員が、四月
　以降、足を棒にして、しらみつぶしに調査して得た資料がこのように開花した
　のであるから、我々の喜びにも一入大きいものがあった（加治工真市「心のふ
　るさと」同前、593頁）。

　なお、引用文中にある服部の『音声学』（岩波全書）のテキストについては、
1955年の服部来沖の折に、名嘉順一がテープを工面し、学内に在った琉球放
送の放送局で服部自らが発音したものを録音したものが残されており、仲宗根
によれば、そのテープは「方言クラブの宝となり、絶えず拝聴して学び、大切
に長く保存した」という[24]。
　機関誌『琉球方言』についてみておこう。同機関誌は現在も発行が続けられ
ている。2001年2月に発行された『日本列島方言叢書　琉球方言考』（井上史
雄・篠崎晃一・小林隆、他編、ゆまに書房、2001年）は、明治初年から昭和
末までに刊行された琉球方言に関する研究論文を影印複製して収録したもので
あるが、その中に『琉球方言』に掲載された論文が5本収録されている。同ク
ラブOB・OGの個別論文は言うまでもなく、仲宗根や服部など何らかの形で
同クラブに関わった人々の論文を含めると非常に多くの論文が収録されてい

る。繰り返しになるが、琉球方言研究クラブは「純然たる学問研究」を行った
クラブであった。それはこうした事実にも反映していると言ってよいであろう。
　1987年、名嘉順一の要請に応えて琉球方言研究クラブ創設30周年を祝う一
文を寄せた服部四郎は、1955年に琉球大学で集中講義を行って以後30年を経
て、琉球方言研究をめぐる状況が良くなっていることを次のように3点にまと
めて記している。

　　　まず第一に、2年後の1957年に、仲宗根政善君の指導の下に、名嘉順一君の
　　努力によって「琉球方言研究クラブ」が結成されて、今日まで活動を続けてき
　　たことに対し、心からなる賞賛の辞を送りたい。
　　　次に、仲宗根政善君が次々に研究者を育てて一部を本土へ送り込み、東京で
　　は、都立大学と外間守善君を指導者とする法政大学とに中心ができて、そこで
　　さらに研究者が養成されて行ったことも、すばらしいと思う。
　　　最後に特筆しなければならないのは、昭和50年（1975年）に仲宗根政善君が
　　定年で琉球大学を退職されたとき後任に上村幸雄君を迎えられ、上村君もこれ
　　を快諾されたという両君の大英断である。その当然の結果は、ここには述べき
　　れないほどで括目に値する。すなわち、「沖縄言語研究センター」が設立されて、
　　目ざましい活動が展開している（服部四郎「琉球方言研究クラブの30周年を
　　祝って」琉球方言研究クラブ30周年記念会編、前掲書、9頁）。

　服部の回顧した過去30年における琉球方言研究を地元で支えてきたのは仲
宗根政善であり、琉球方言研究クラブの部員、そしてそのOB・OGであった。
　1975年、仲宗根の退職後、後任として赴任した上村幸雄を中心に、1978年、
沖縄言語研究センターが設立された。代表に仲宗根政善、顧問に服部四郎を迎
え、上村が運営委員長となってのスタートであった。同センターには琉球方言
研究クラブのOB・OGが関わっている。屋比久浩は、「復帰後30年の琉球方
言研究は、全国的な広がりをみせているが、地元沖縄での調査・研究の中心は
沖縄言語研究センターである」と記している[26]。同時に、「（琉球方言研究クラ
ブのメンバーの）協力なしには沖縄言語研究センターは存在できないのである」
とも記しており、同クラブの存在の大きさをあらためて示している。

おわりに

　以上、戦後沖縄における琉球方言研究の黎明について、仲宗根政善と琉球大学琉球方言研究クラブに焦点をあてて整理してきた。

　琉球方言研究クラブは、これまでに存続の危機もあったようであるが、それを乗り越えて現在も活動を続けている。琉球方言が依然として消滅の危機にある言語であるということには変わりがない。そのような状況にあって、地道に琉球方言を調査・記録し、残していこうとする若者たちの活動が半世紀にもわたって続いてきたこと、そして現在も続いていることは、琉球方言および琉球方言研究にとって特筆すべきことである。

【註】

1）琉球方言研究史については、次の文献を参照。「方言研究のあゆみ―歴史と展望―」、仲宗根政善先生古稀記念論集刊行委員会編『琉球の言語と文化　仲宗根政善先生古稀記念』1982年、572-617頁。中本正智『日本列島言語史の研究』大修館書店、1990年、912-925頁。

2）上村幸雄「方言研究クラブへのおもい」琉球方言研究クラブ30周年記念会編『琉球方言論叢』1987年、22頁。

3）同前、21-23頁。

4）同前、23頁。

5）「戦前の教育と沖縄戦体験　仲宗根政善先生氏に聞く」新崎盛暉編『沖縄現代詩への証言　下』沖縄タイムス社、1982年、162頁。なお、伊波の思い出については、「伊波普猷先生の思い出」（仲宗根政善『石に刻む』沖縄タイムス社、1983年、所収）に詳しい。

6）上村幸雄「仲宗根政善先生と今帰仁方言研究」沖縄言語研究センター編『追悼・仲宗根政善』ニライ社、1998年、225頁。

7）今帰仁方言に関する仲宗根の著書については、研究書として『琉球方言の研究』（新泉社、1987年）、エッセーとして『琉球語の美しさ』（ロマン書房、1995年）がある。また、前掲『石に刻む』には「わが故郷　今帰仁―宿道と津口をたどる」が収められている。

8）琉球大学開学50周年記念誌編集専門委員会『琉球大学五十年史』琉球大学、2000年、1145頁。

9）2006年9月25日、狩俣繁久氏へのインタヴュー。なお、琉球大学図書館に保管されている「仲宗根政善言語資料」の中の「講義ノート—方言調査—」（資料番号93802051）は、講義の時間に学生の出身地の方言を調査して記入したものであり、八重山登野城の方言について「1音節1類」「1音節2類」「1音節3類」といった記述や、助詞・動詞の活用などが記されている。

10）沖縄における「方言札」の使用実態については、志村文隆「沖縄における方言札—体験者への聞き取り調査から—」（『宮城学院女子大学研究論文集』102、13-29頁、2006年3月）に詳しい。

11）島尻澤一「初めての講義で感動」沖縄言語研究センター編、前掲書、109頁。

12）前掲「方言研究のあゆみ—歴史と展望—」590頁。

13）同前。

14）服部四郎「琉球方言研究クラブ30周年を祝って」琉球方言研究クラブ30周年記念会編、前掲書、6頁。

15）仲宗根政善「琉球方言研究クラブ創設の頃」同前、2頁。

16）名嘉順一「服部四郎」、『国文学解釈と鑑賞』平成14年7月号、2002年、177頁。

17）服部四郎、前掲「琉球方言研究クラブ30周年を祝って」5頁。

18）同前、5-6頁。

19）屋比久浩「琉球方言の研究—零からの出発とその体制の構築」前掲『国文学解釈と鑑賞』、36頁。

20）『琉球大学新聞』第18号、1955年11月28日付け。引用の服部四郎「琉球の諸方言」については、前述の「仲宗根政善言語資料」の「講義ノート—国語学—」（資料番号96400201）に仲宗根自身が同新聞同号に掲載された服部の文章を切り抜いて講義ノートに貼り付けている。

21）高橋俊三、前掲「方言研究のあゆみ—歴史と展望—」590頁。

22）島袋幸子「琉球方言研究の父　仲宗根政善」前掲『国文学解釈と鑑賞』183頁。

23）服部、前掲「琉球方言研究クラブ30周年を祝って」6頁。

24）仲宗根、前掲「琉球方言研究クラブ創設の頃」2頁。

25）掲載されている論文は次のとおり。

①「鹿児島県奄美大島竜郷町円方言の音韻体系」『琉球方言』14号、1977年『日本列島方言叢書32　琉球方言⑤（奄美大島他・沖縄属島）』所収。

②　中本正智「奥武方言の動詞の活用」『琉球方言』1号、1958年『日本列島方言叢書33　琉球方言考⑥（沖縄本島）』所収。

③「琉球方言親族語彙について」『琉球方言』7号、1966年、同前所収。

④「『沖縄本島南部北部方言の境界』を見つけるために—主として音韻と語彙の面から—」『琉球方言』11号、1970年、同前所収。

⑤「小浜方言の調査報告」『琉球方言』9・10号、1969年『日本列島方言叢書34　琉

球方言考⑦（先島［宮古・八重山他］）』所収。

26）屋比久、前掲、34頁。

27）同前、37頁。

第10章
仲宗根政善生誕百年を迎えて

はじめに

　2007年は仲宗根政善の生誕百年にあたる[1]。これを記念して、2007年12月8日、琉球大学附属図書館多目的ホールにおいて「仲宗根政善先生生誕百年記念シンポジウム」が開催された。会場には『沖縄の悲劇―姫百合の塔をめぐる人々の手記』（華頂書房、1951年）やその改訂版である『沖縄の悲劇』（東邦書房、1974年）、『ひめゆりの塔をめぐる人々の手記』（角川書店、1980年）、あるいは仲宗根の自筆による歌集『蚊帳のホタル』（沖縄タイムス社、1988年）などの著書や略年表、さらには琉球大学附属図書館に所蔵されている『仲宗根政善言語資料』の中から仲宗根の自筆ノートや自筆原稿などの資料が展示され、シンポジウム参加者の関心を集めていた。

　シンポジウムは、沖縄大学教授（当時）で琉球大学琉球方言研究クラブOBの比嘉政夫氏による開会の挨拶で幕を開け、琉球方言研究クラブから「八重山白保方言のリズム＝アクセント的構造」（報告者　當山奈那氏、コメンテータ　狩俣繁久氏）、おもろ研究会から「『おもろさうし』にあらわれる神々―神名を中心に―」（報告者　照屋　理氏、コメンテータ　波照間永吉氏）、そしてひめゆり平和祈念資料館から「『ひめゆり』はどのように表象されてきたか」（報告者　尾鍋拓美氏、コメンテータ　仲田晃子氏）という3つの報告がなされた。

第10章　仲宗根政善生誕百年を迎えて　*137*

　琉球方言研究クラブ、おもろ研究会、ひめゆり平和祈念資料館はいずれも仲宗根政善と深い関わりがある。

　琉球方言研究クラブは、仲宗根が琉球大学で講じた「国語学概論」が創設の直接のきっかけとなっている[2]。1952年、沖縄群島政府の廃止にともなって琉球大学に赴任した仲宗根は「国語学概論」で「方言が学問になる」[3]ことを教えた。仲宗根の講義に刺激を受けた学生たちの間で方言研究に対する関心が高まり、1957年、仲宗根を初代顧問として琉球方言研究クラブが創設されたのである。2007年は同クラブにとっても創設50周年の記念の年である。なお、1978年には、仲宗根を代表として沖縄言語研究センターが設立された。同センターの設立には、仲宗根の後任として琉球大学に赴任した上村幸雄氏（琉球大学名誉教授）や琉球方言研究クラブOB・OGが関わっている[4]。

　1968年に始まったおもろ研究会は、その翌年、東京大学での長期研修から帰任した仲宗根が自宅を研究会の場として提供して以降、1989年に場所が沖縄県立芸術大学に移るまで20年以上の長きにわたって、仲宗根宅で開催された[5]。仲宗根がこの世を去った1995年に同研究会は1000回目を迎え、同年9月23・24日にはその記念の研究発表大会を、仲宗根の故郷である今帰仁村にある今帰仁村コミュニティセンターで開催した[6]。

　ひめゆり平和祈念資料館は1989年に開館した。仲宗根はその初代館長である。仲宗根が、沖縄戦において沖縄師範学校女子部と沖縄県立第一高等女学校の生徒たちで構成されたいわゆる「ひめゆり学徒隊」を引率し、喜屋武岬で米軍に追い詰められる中、手榴弾を抜こうとする生徒たちに対して生命の尊さを説き、生徒12名とともに米軍の捕虜となる道を選んだことはよく知られている[7]。戦後、仲宗根は前述の『沖縄の悲劇―姫百合の塔をめぐる人々の手記』を出版し、沖縄戦の悲劇を通して戦争の悲惨さと平和の尊さ、そして何よりも生命の尊さを訴え続けたのである。

　シンポジウムにおける3つの報告は、戦後、沖縄において仲宗根が播いた種が芽吹いて花を咲かせ、沖縄の地にしっかりと根付いていることを示している。仲宗根政善生誕百年を迎え、仲宗根から学ばねばならないことはなお尽きない。今後の仲宗根政善研究がより一層進展することを期待したい。

以下、本章では琉球方言、とりわけ今帰仁方言研究者としての仲宗根に焦点
をあてて、記述を進めることにする。

1．今帰仁方言研究

　1932年、仲宗根は『南島談話』第5号に「今帰仁方言における語頭母音の無
声化」と題する論文を発表した。同年、服部四郎が、仲宗根をインフォーマン
トにして行った今帰仁方言調査に基づき、雑誌『方言』に4回にわたって発表
した「『琉球語』と『国語』との音韻法則」と題する論文の中で今帰仁方言を
取り上げたこともあって、「今帰仁」という地名は言語学者を中心に一躍全国
に知られることになった。以後、仲宗根は「国頭方言の音韻」（『方言』第4巻
第10号、1934年）、「カ行変格『来る』の国頭方言の活用に就いて」（『南島論
叢』、1937年）、「今帰仁方言概説」（『今帰仁村史』、1957年）、「今帰仁方言に
ついて」（『学士会会報』No.766、1985年）、「与那嶺方言の撥音『ン』と促音
『ッ』」（『琉球大学国文学・哲学論集』、1975年）など、今帰仁方言に関する論
稿を発表した[8]。
　これらの業績に加えて、仲宗根の不朽の業績として忘れてはならないのが
『沖縄今帰仁方言辞典―今帰仁方言の研究・語彙篇―』（角川書店、1983年）
である。1984年、同書によって、仲宗根は日本学士院賞・恩賜賞を授与されて
いる。日本学士院賞については、仲宗根が沖縄県出身者として初めての受賞者
である。服部四郎は、「授賞審査要旨」において、『沖縄今帰仁方言辞典』は「今
帰仁村与那嶺方言という一小方言の共時論的記述辞典ではあるが、この種の辞
典としては、今日まで刊行されたもののうちで、最も精緻にしてかつ組織的な
ものであると言っても過言ではない」と記し、続けて「琉球方言の比較研究のみ
ならず、さらに本土諸方言（八丈島方言を含む）との比較研究、ひいては広義の
日本語史研究のための、重要にしてかつ信頼のできる基礎を築いたものであっ
て、将来、これを模範とする、少なくとも琉球諸方言の大辞典が、編纂刊行さ
れることが期待される」と記して、同辞典の持つ価値を高く評価している[9]。

第10章　仲宗根政善生誕百年を迎えて　*139*

　仲宗根が今帰仁方言の研究を志したのは服部四郎と伊波普猷の影響が大きい。服部四郎は東京大学の学生時代に橋本進吉ゼミで仲宗根と知り合い、仲宗根が今帰仁出身であることを知って、仲宗根をインフォーマントに今帰仁方言調査を行った。その調査結果については前述の「『琉球語』と『国語』の音韻法則」にまとめられている。仲宗根は「（服部が）与那嶺方言を調査して、整然とした法則を見出して示されたことが刺激になって、この方言研究を始めた」10) と記している。この出会い以後、仲宗根と服部の琉球方言研究を中心とした公私にわたる交友関係は半世紀以上の長きにわたり、終生変わることはなかった11)。

　伊波普猷は、仲宗根の学生時代、東京の小石川に住んでいた。伊波が東大で橋本進吉と同期ということもあり伊波を身近に感じた仲宗根は伊波を自宅に訪ねるようになる。仲宗根は伊波と深く接して薫陶を受け、「その深い学殖と情熱にもふれて、琉球方言の研究をつづけたのである」12) と記している。伊波との関係は、仲宗根の東大卒業後、仲宗根が沖縄第三中学校に赴任してからも続いた。伊波が仲宗根に方言調査を依頼し、仲宗根がそれに応えて調査結果を報告していたことは、伊波の文章に確認することができる13)。

　仲宗根にとって、今帰仁方言を研究することはどのような意味を持っていたのであろうか。仲宗根によると、伊波は「汝の立つ所を深く掘れ。そこには泉あり」というニーチェの警句を強調していたといい、伊波のその言葉から影響を受けた仲宗根はその警句に続けて「私は国頭に生れ、国頭に育った。そこに私の根がある。その根をほりおこして行きたい、と思いつづけていたのである」14) と記している。あるいは、前述の『沖縄今帰仁方言辞典』には次のような一節もみられる。

　　　ことばは、河原の石ころのように、人間から離れて存在しない。この方言も、
　　与那嶺の自然や社会・文化・生活・その歴史とも密接につながっている。この
　　土地に生れ育った著者にとっては、自らの根にもつながるもっともいきいきし
　　たことばであり、深い愛着を持ちつづけてきた15)。

今帰仁方言研究は仲宗根にとって何よりも仲宗根自身の「根を掘りおこすこと」であったといえよう。では、「根を掘りおこす」とはどういうことなのであろうか。仲宗根は『琉球語の美しさ』（ロマン書房、1995年）に次のような文章を残している。

　　私共は郷土を離れて人間となることは出来ない。美しいこの今帰仁は私共の郷里である。我々の祖先はこの島に生まれこの島に死んで行った。何千年つづいたか知らない。その骨は岩かげに朽ちている。しかし私共は今ここにこうして現に生きている。（中略）我々はこの自然とこの今帰仁の土地とこの社会が存在しなくては人間としては生きることが出来なかったのである[16]。

　仲宗根は今帰仁を郷里として生を受け、育った。仲宗根の「根」は郷里である今帰仁にある。「根」は英語で「root」。「根を掘りおこす」とは仲宗根自身のルーツを探ることであり、今帰仁という土地とその自然や社会、そして今帰仁に生まれ死んでいった、仲宗根につながる人々のことを明らかにすることであろう。それは、仲宗根にとって、「自分自身とは何ものか」というアイデンティティを明らかにすること、「どれほど多くの、そしてどのような生命のつながりで自分は今こうしてここにいるのか」という問いに対する答えを見つけることであったに違いない。そして、その答えをみつけるための「顕微鏡」の役割を果たしたものが言葉、すなわち今帰仁方言であった。

　仲宗根は次のように記している。

　　単語を集めている。それはいわば沖縄の民衆の生活をのぞく無数の節穴である。私はただその節穴をあけてあるにすぎない。その節穴をあけなければ全く民衆の生活は見えないのである。と同時にのぞかなければ民衆の生活は自然には見えない。小さくてもよいからのぞき穴をあけておくことは必要なのだ[17]。

　　今自分が方言の蒐集をしつつあるというのも実は決して枯葉をあつめているのではないのである。わずかに実存しているもの、それをたよりにすれば、消えて行ったものの行くさきがうかがえるものをつかんでいるのであり、それこそ生への深い執着にもとづくのであり、深い生命感に通ずるものではあるまいか[18]。

言葉は人間と切り離しては存在しえない。そして、言葉はそれ自体が人間と同様に生命を持つものであるとともに、人間の生命を反映するものであった。その意味で、言葉と人間、そして生命は相互に深くつながっているものであった。言い換えれば、言葉・人間・生命は互いに切り離すことができないものであった。仲宗根は、今帰仁方言を研究して自分自身の根を掘りおこすとともに、今帰仁方言を通して今帰仁に生き、死んでいった民衆の生活を見ようとした。仲宗根にとって、今帰仁方言を研究することは、言葉の中に人間、そして生命への深い愛着を見ることであったのである。

2．『仲宗根政善言語資料』

　『沖縄今帰仁方言辞典』について、仲宗根は「稿本一冊残せばよいと思っていた」[19]と記しているが、同辞典に関してのみならず、仲宗根は膨大な量の調査資料と未発表の原稿を残している。それらは散逸を心配した有志によって『仲宗根政善言語資料』として整理され、現在、琉球大学附属図書館に所蔵されている[20]。

　一例を挙げよう。仲宗根が残した原稿の中に仲宗根によって「単語の研究」「方言漫歩」「方言単語」と題されたものがある[21]。1995年、琉球方言に関して随筆風に記されたこれらの原稿をまとめて一冊の本が刊行された。それが前述の『琉球語の美しさ』である[22]。上村幸雄氏が仲宗根の追悼講演「仲宗根政善先生と今帰仁方言研究」の中で、『沖縄今帰仁方言辞典』と『琉球語の美しさ』を比較して、「この辞典なども非常に客観的な記述に徹していまして、ある意味では読んでいてちっともおもしろくないとさえ言えます。ところが、そういうことも、こっちの本（『琉球語の美しさ』）などをみると、先生の気持ちが非常によく伝わってきて、何のために先生がこれほどこだわったのかということがよくわかります」と語っている[23]。

　例えば、「ちゅらさん」（美しい）という語をみてみよう。『沖縄今帰仁方言辞典』には次のように記されている。

スラー「セ」ン suraa「se」N［形］美しい。きれいである。清潔である。清い。立派である。 例「ティン」とーノーヂリ 〜 （虹がきれいだ）。 ⇒スラ「ー（美しいもの）、スラー「く（美しく。すっかり）、ちムヂュ「ラー」セン（心が美しい）、フィヂュ「ラー」セン（声が美しい）。参おもろ辞典「きよらさ（美しさ）」混効験集「きよらさ（乾・言語）」日本言語地図1-47。[24]

これに対して、『琉球語の美しさ』には次のような文章が見える。

　チュラサンと美しい

　からりと晴れた沖縄の空は「ウツクシイ」。月も星も海も、人々の瞳も黒髪も絣も紅型も。そうして心もウツクシイ。沖縄の美しさを沖縄人は昔からどんなことばで表現したのだろうか。一切がチュラサンである。ウツクシイとはいっていない。ウツクシイということばはもともと「愛しい」意味であって今日のようなbeautifulとはいわない。平安朝の昔、清少納言も「きよらし」といった。稚児の「はみたる」が、ウツクシイである。沖縄人ばかりが「きよらし」を昔の儘に美しい意味でつかいつづけている。もし日航機に乗って紫式部と清少納言がつれ立って沖縄の上空をとび、あの黒潮の濃淡でふちどられている島を見たら「いとうつくし」などとは言わず「いときよらし」「イッペー　チュラサン」と歓声をもらすにちがいない（後略）[25]。

　一読して明らかなように、読んでおもしろいのは『琉球語の美しさ』の方である。『沖縄今帰仁方言辞典』は、服部四郎が絶賛したようにきわめて精緻であり、上村氏が語ったように客観的記述に徹したものとなってはいるが、辞典という性格もあり、たしかに読んでおもしろいというものではない。琉球方言の豊かさをより深く味わうことができるのは『琉球語の美しさ』の方であろう。しかし、言うまでもなく、琉球方言研究にとってはどちらも必要なものであり、どちらか一方で足りるというものではない。その意味で、今帰仁方言研究において両書は相互に補完的な役割を担っているといってよいであろう。

　さて、本章では、『仲宗根政善言語資料』の中から『方言雑録Ｉ』と題された資料を紹介したい[26]。その中から琉球方言研究クラブに関する文章を取り上げ、同クラブとともにひめゆり学徒隊についても触れてみたい。引用が少し長

第10章　仲宗根政善生誕百年を迎えて　143

くなるが、それは次のような文章である。

　　大学祭はそろそろしまいかけた。方言クラブの展示室からも客足が減った。
　とうとうクラブ員だけが最後に残った。二日も徹夜してはりつけた展示物をは
　がすのも惜しく、いつまでも張っておきたい様子であった。二度も伊平屋まで
　出かけて調査して来た報告であった。音韻体系を立ててある。一般の参観者は
　おそらく理解できなかったであろう。しかし、クラブ員は精いっぱい努力した
　という満足感が満面にうかがえた。
　　名嘉順一、野原三義、加治工真市三先輩がわざわざ来てくれていた。二晩も
　徹夜し、二日間展示し説明をしつづけて来たのだが、クラブ員に疲労の色はあ
　まりみえなかった。展示について先輩の意見を熱心に聞き、琉球方言12・13号
　についての批評に耳をかたむけて聞いていた。人数はわずかだが、真摯な研究
　態度を持し、研究への情熱がうかがえてうれしかった。
　　今後方言クラブがどのようになって行くか分からないが、名嘉君が家に来て
　方言を学び始めてから十数年の間、先輩後輩のかたいきずなに結ばれてつづい
　て来た。教室での授業よりもむしろ、その学習会の方が身についた知識になっ
　たのであろう。小さい部屋の中で頭をつき合せて、親しくたのしそうであり、
　学園にこのあたたかい雰囲気があるだけで救いである。教師と学生との結びつ
　きがないとなげかれているが、この小さいグループには戦争に一緒に出て行っ
　たひめゆり学徒隊にあったような人間関係が結ばれているようである。三組の
　結びつきが出来た（の）もそのためである。ささやかなクラブながらも心が通
　いあっていてうれしい[27]。

　この文章は1974年12月6日に書かれたものである。『琉球方言論叢』の「琉
球方言研究クラブ沿革史」によれば、当時の部長は富浜馨子氏であり、この年
の7月21～27日に琉球方言研究クラブは伊平屋村我喜屋方言の調査（「基礎語
彙」「テルクグチ」）を行い、11月22～24日に再調査を行っている[28]。この調
査に基づいて12月の琉大祭で発表された内容は、①我喜屋方言の音韻体系、
②田名部落のテルクグチであった。なお、『琉球方言』12・13号は同年7月30
日に発行されている。
　この文章にはクラブ員に対する仲宗根の温かい眼差しがあふれている。クラ
ブ員の人間関係にひめゆり学徒隊を重ね合せてみたのは仲宗根ならではのこと

であろう。ひめゆり学徒隊は沖縄戦で若い命を散らした。戦争によって人生そのものを奪われた。引率教員の一人として仲宗根が、戦後早い時期に『沖縄の悲劇―姫百合の塔をめぐる人々の手記』を著したことは前述のとおりである。しかし、仲宗根自身も記しているように、仲宗根にとって同著は「懺悔録」[29]であった。自筆の歌集である『蚊帳のホタル』には次のような歌も詠まれていて、仲宗根が戦後の後半生を懺悔して歩んだことをうかがわせる。

　わが命　つづく限りは　血のしみし　あとをたづねて　とぶらひ行かむ[26]

　戦後、仲宗根が背負ったものは重いものであったにちがいない。そのことは琉球方言研究クラブにある「あたたかい雰囲気」を「救い」とみたことにも表れているといえよう。よく知られているように、仲宗根は『ひめゆりの塔をめぐる人々の手記』（角川書店、1980年）に次のような文章を残した。

　　　昔から平和であった沖縄のこの美しい空を、この青い海の上を、戦闘機の一機も飛ばせたくない。戦争につながる一切のものを拒否する。
　　　二十余万の生霊の血のしみたこの島を、平和を築く原点としたい[31]。

　平和の尊さ、生命の尊さは当たり前のこととして頭の中では理解されているが、沖縄戦において仲宗根はそのことをひめゆり学徒隊とともに身をもって体験したのであった。その体験に裏打ちされた仲宗根の言葉は深く重い。琉球方言研究クラブにおけるクラブ員たちの楽しそうな様子、同クラブが持っていたあたたかな雰囲気は、あらためて平和の尊さを、平和の下で暮らすことのできる幸福を仲宗根に感じさせたことであろう。仲宗根が琉球方言研究クラブにおけるクラブ員たちの活動を通じて日々の平和を実感することができていたとすれば、それこそ仲宗根にとって何にもまさる喜びであったにちがいない。「ささやかなクラブながらも心が通いあっていてうれしい」という言葉は仲宗根の心からの思いであったであろう。

第10章　仲宗根政善生誕百年を迎えて　*145*

おわりに

　当時、仲宗根が「今後方言クラブがどのようになって行くか分からないが」
と記した琉球方言研究クラブは、2007年に創設50周年を迎えた。そして、今
回のシンポジウムでの報告に明らかなように、今また若い学生たちが、仲宗根
が播き、育てた種をしっかりと継承している。
　先にも記したが、仲宗根政善生誕百年を迎えて、仲宗根から学ばねばならな
いことはなお尽きない。琉球方言研究だけではなく、おもろ研究、平和研究の
それぞれの分野で仲宗根研究が今後より一層進展することを期待して止まな
い。

【註】
1）仲宗根政善生誕百年を迎えるにあたって、沖縄タイムスと琉球新報では次のような
　　特集を組んだ。
　①　沖縄タイムス「いま仲宗根政善をどう考えるか（上・下）」（2007年12月4日・5日）
　　　執筆者は（上）が加治工真市氏、（下）が波照間永吉氏であった。
　②　琉球新報「仲宗根政善生誕100年に寄せて（上・下）」（2007年12月3日・4日）
　　　執筆者は（上）が狩俣繁久氏、（下）が仲田晃子氏であった。
2）仲宗根政善と琉球方言研究クラブについては、拙稿「仲宗根政善と琉球大学琉球方
　　言研究クラブ—戦後琉球方言研究の黎明—」（『沖縄研究ノート』16、宮城学院女子大
　　学、2007年）、および「戦後沖縄における琉球方言研究—仲宗根政善と琉球方言研究
　　クラブ—」（『多言語社会研究会　年報』4号、多言語社会研究会、2007年）を参照。
3）琉球方言研究クラブの創設および発展に大きく寄与した名嘉順一によると、名嘉は、
　　戦後、小学校の頃に「さようなら」がどうしても言えずに「マタヤー」と言ったため
　　に叱られ、そのためにそれ以来方言は使ってはいけないものと思っていた。したがっ
　　て、仲宗根の「国語学概論」で「方言が学問になる」ことを知ったときには驚いたと
　　いう（名嘉順一「『方言』が学問になる」琉球方言研究クラブ30周年記念会編『琉球
　　方言論叢』1987年、575頁）。なお、名嘉は琉球大学での最終講義（1999年2月19日）
　　の中で、「さようなら」と「マタヤー」について次のように語っている。

　　　「さようなら」と言ったら、永遠に別れていくような感じを皆さん思いません
　　か？　（わたしは）そう思うんですよ。もう。この人とは会えないんだなという、

そういう変な感情があってですね、(それで)「マタヤー」と。(名嘉順一「最終講義要旨(1999年2月19日)」『ことばと教育』創刊号、琉球大学国語教育研究会、1999年、3頁)。

4) 沖縄言語研究センターについては、以下の文献を参照。『沖縄言語研究センター会報1』(1979年)。上村幸雄「沖縄言語研究センターとその研究」(琉球大学開学40周年記念誌編集専門委員会編『琉球大学四十年』1990年、104-112頁)。

5) おもろ研究会については、例えば、平山良明「仲宗根先生とおもろ研究会」『沖縄文化』第31巻1号、沖縄文化協会、1996年、19-22頁、および、新里幸昭「『おもろ研究会』前夜」『沖縄文化』同巻同号、23-26頁を参照。

6) おもろ研究会1000回記念発表大会については、平山、前掲論文を参照。

7) 仲宗根とひめゆり学徒隊については、仲宗根政善『沖縄の悲劇—姫百合の塔をめぐる人々の手記』(華頂書房、1951年)およびその改訂版である『沖縄の悲劇』(東邦書房、1974年)や『ひめゆりの塔をめぐる人々の手記』(角川出版、1980年)などを参照。

8) 仲宗根の今帰仁方言に関する諸論文は仲宗根著『琉球方言の研究』(新泉社、1987年)に収録されている。

9) 服部四郎「仲宗根政善君の『沖縄今帰仁方言辞典—今帰仁方言の研究・語彙篇—』に対する授賞審査要旨」『日本学士院紀要』第40巻第2号、1985年(服部四郎『一言語学者の随想』汲古書院、1992年、所収、429頁)。

10) 仲宗根政善『沖縄今帰仁方言辞典—今帰仁方言の研究・語彙篇—』角川書店、1983年、2頁。

11) 服部は、仲宗根の古稀記念論集である『琉球の言語と文化』(論集刊行委員会、1982年)において祝辞を寄せ、その中で「仲宗根政善君は、私にとっては親友である。しかも50数年来の親友である」と記している(同書、4頁)。

12) 仲宗根、前掲『沖縄今帰仁方言辞典』2頁。なお、仲宗根と伊波の交流については、仲宗根政善「伊波先生の思い出」『石に刻む』(沖縄タイムス社、1983年、所収、3-47頁)に詳しい。

13) 例えば、『南島方言史攷』所収の「蚕蛹の琉球語—室町期の国語の南島方言に及ぼせる影響の瞥見」に次のような記述がある。「なほ念のため名護町にある県立第三中学校の仲宗根政善君に、その分布状態の調査方を依頼した。同君は居合わせた生徒百二十六名(内四名だけが他地方の者で、余は悉く同郷の者)について調査して下さつたが、幸に各村の生徒を網羅してゐるので、比較的好結果を収めることが出来た」(『伊波普猷全集』第4巻、214頁)。この他にも、「琉球語の母音組織と口蓋化の法則」や「琉球語彙」などにも伊波が仲宗根に問い合わせたり、調査を依頼したことが記されている。

第10章　仲宗根政善生誕百年を迎えて　*147*

14) 仲宗根政善「理想の光とわにして」前掲『石に刻む』所収、307頁。

15) 仲宗根、前掲『沖縄今帰仁方言辞典』1頁。

16) 仲宗根政善、『琉球語の美しさ』、ロマン書房、1995年、220頁。

17) 同前、iii頁。

18) 同前、vi-vii頁。

19) 仲宗根、前掲『沖縄今帰仁方言辞典』4頁。

20)『仲宗根政善言語資料』(および『沖縄今帰仁方言辞典』)の整理・編集については、島袋幸子「仲宗根政善先生を偲んで」(『追悼・仲宗根政善』沖縄言語研究センター、1998年、125-132頁)参照。

21) それぞれの資料番号は次のとおり。「単語の研究Ⅰ」(96400279)、「単語の研究Ⅱ」(96400280)、「方言漫歩Ⅰ」(96402080)、「方言漫歩Ⅱ」(96402082)、「方言単語」については「方言漫歩」中に含まれている。

22)『琉球語の美しさ』は仲宗根の没後に編集され、刊行された。同書については、島袋幸子「解題」(同書223-225頁)を参照。

23) 上村幸雄「仲宗根政善先生と今帰仁方言研究」沖縄言語研究センター、前掲書、243-244頁。

24) 仲宗根、前掲『沖縄今帰仁方言辞典』207頁。

25) 仲宗根、前掲『琉球語の美しさ』7頁。

26)『方言雑録Ⅰ』の資料番号は96402077である。

27)『方言雑録Ⅰ』107-110頁。

28) 琉球方言研究クラブ30周年記念会編『琉球方言論叢』琉球方言論叢刊行委員会、1987年、699頁。

29) 仲宗根は『沖縄の悲劇―姫百合の塔をめぐる人々の手記』とその改訂版の「まえがき」に「洞窟に残した重傷の生徒たちのことを思うと、この記録は私にとっては懺悔録でもある」と記している。仲宗根、前掲『ひめゆりの塔をめぐる人々の手記』では1頁。

30) 仲宗根政善『蚊帳のホタル』沖縄タイムス社、1988年、56頁。

31) 仲宗根、前掲『ひめゆりの塔をめぐる人々の手記』2頁。

第11章

沖縄を生きた糸満女性　照屋敏子

はじめに

　本章は、戦後沖縄で「女傑」として知られた照屋敏子を取り上げ、沖縄女性の生き方を読み解く一助とすることを主たる目的とする[1]。

　筆者が照屋敏子の名前を知るに至ったのは高木凛著『沖縄独立を夢見た伝説の女傑　照屋敏子』（小学館、2007年）を通してである。高木は、2007年、同書で「第14回小学館ノンフィクション大賞」を受賞している。同書によれば、氏は、2003年6月23日、すなわち沖縄の「慰霊の日」に、東京参宮橋近くのギャラリーで開催された「さとうきび畑、歌とお話の1週間」で初めて照屋敏子と「出会った」という。照屋敏子は1984年に他界しているので、高木は現実に照屋敏子その人に出会ったのではない。高木は、その催しにゲストとして出席していたシャンソン歌手の石井好子の語りを通じて照屋敏子に「出会った」のである。石井の語る照屋敏子とは次のような女性であった。

　　照屋敏子さんを女海賊という人もいたけれど、海賊とは違いますね。戦後、飢えていた時代に海の男たち百人を従えて、船団を組んで東シナ海に繰り出したんです。同胞を飢えから救うためにです。沖縄独特の追い込み漁っていうんですか、後に禁止になりましたけれども、根こそぎ魚を捕ってしまう。時にはフカがうようよしているところにも網を張らなきゃなんない。漁師といえども

フカは怖いんですよ。魚が暴れて網が破れても、誰も潜ろうとしない。グズグ
ズしていると、魚の血の臭いを嗅ぎつけてフカが寄ってくる。そういう時、照
屋さんが先頭きって飛び込んだんですよ。糸満育ちですからね、潜りは得意な
わけです。割り箸をこう、口に銜えて潜ってゆくんですって。割り箸ですばや
く敗れた網を繕うわけですよ（高木凜『沖縄独立を夢見た伝説の女傑　照屋敏
子』小学館、2007年、8頁）。

　石井は20年も前に亡くなった照屋敏子の話を、昨日聞いてきたことのよう
に鮮やかに語ったのであった。
　それから2か月後、高木は自身を襲った病との闘病生活を強いられる状況に
あった。手術とその後の通院治療が続く日々の中で、高木は病院通いの行き帰
りに見る街路樹に木々が営々とたゆむことなくその命を営んでいる姿を見、季
節の動きを感じるようになっていった。高木が「糸満女傑　照屋敏子」を思い
出したのはそのようなときであった。高木は次のように記している。

　　その後の抗ガン剤投与を終え、ホルモン療法に移ったのを機にわたしは鬢を
　訛え、改めて石井を訪ねた。振幅の多い人生をエネルギーに満ちて沖縄を生き
　た「照屋敏子」という人を知りたいと思った。弱った体力が何か強いものに縋
　ろうとしているだけなのではないかとも思える。わたしは恐らく、敏子という
　強い光を浴びてみたかったのだ。
　　また、徒手空拳で戦前、戦後のアメリカ世、そして復帰の時期を強く生き抜
　き、沖縄独立を叫んだ照屋敏子の人生を辿ることで、わたしの中の沖縄を問う
　てみたかったのかもしれない（同前、9-10頁）。

　こうして高木は、石井好子の後押しを受けて照屋敏子を訪ねる旅に出る。そ
の意味で、『沖縄独立を夢見た伝説の女傑　照屋敏子』は、高木が照屋敏子を
訪ね歩いた旅の記録であり、敏子と正面から向き合って格闘した魂の記録であ
る。本書を通じて、読者は著者とともに照屋敏子という強い光を浴びることに
なるであろう。

1．越境する沖縄女性

　冒頭に記したように、本章では照屋敏子を取り上げるが、それは高木の著書以上に照屋敏子の人生を語ることを目指すものではない。むしろ、高木の著作を踏まえつつ、一つの鍵概念を設定して照屋敏子を筆者なりに整理し、沖縄女性について考える一助としようとするものである。筆写が手掛かりにしたいと考えているのは、勝方＝稲福恵子が『おきなわ女性学事始』（新宿書房、2006年）の中で提示している「越境する沖縄女性」という概念あるいはイメージである。

　勝方＝稲福は同書の「序章　越境する沖縄女性」において、伊波普猷著『沖縄女性史』の中の「古琉球に於ける女子の位地」と題する章にある「沖縄人と移住慾」という見出しのついた箇所以降の記述を引いて、伊波が「古琉球に於ける女子の位地」を執筆したのは「封建時代以前の女性のおおらかさを取り戻したい」ということが主目的であり、伊波がそこに描いているのは「儒教的封建社会や西欧近代に教化されないままで、いわく言いがたい主体性をもって、海を越えて異文化を渡り歩く沖縄女性」であると主張している[2]。勝方＝稲福は伊波の描く「移住慾をもつ女性像」が「かくあれかしと願う伊波の理想像」であるとし、そのイメージには多種多様なものがあるが、そのイメージを貫いているのが「異質なものと出会う女性」、すなわち「因習的な伝統に縛られないで未来を拓くために異文化を越境する女性」であるとする[3]。そして、「移動する」ことは海を渡ることばかりではなく、「異質なものと接触すること、他者に出会うこと、他者の視線にさらされることによって『私』という自覚をもつこと、そして自身を際立たせて交渉すること」であるとする[4]。

　勝方＝稲福は自身の経験を踏まえて同書「第3章『沈黙』を語る」で「パスポートとビザを持って大学進学のために上京したときから、わたしはようやく『沖縄女性』になった」と記している[5]。勝方＝稲福は沖縄に住んでいる限り沖縄を意識することはなかった。沖縄から離れて、すなわち沖縄から地理的に移動して異文化と接触し、その中に身を置くことによって初めて「沖縄女性」

第11章　沖縄を生きた糸満女性　照屋敏子　*151*

となり得たのであった。

　勝方＝稲福は次のように記している。

　　くり返すうちにわかってきたことは、「おきなわ女性」（実体概念ではなく、
　関係性によって生じてくるものだという意味で、ひらがなで表記することにし
　た）とは、ある種の往復運動によってそのつど陽炎のように立ち現れるものだ
　ということ。一つの場からもう一つの場へと移動することによって差異が生じ
　るとすると、そのつど生じる差異が、すなわちアイデンティティとなる。
　　家族間や世代間、民族間の葛藤にしろ、出会いにしろ、転校にしろ、引っ越
　しにしろ、留学にしろ、文化間の差異はかならず生じるし、差異があるからこ
　そアイデンティティは立ち上がる。異文化との接触が、均質化をうながすと同
　時に新たな差異を生じさせて、「おきなわ女性」というアイデンティティも紡が
　れて、ほぐされて、また紡がれてゆく。そして、「おきなわ女性」というわたし
　もまた紡ぎ紡がれてゆく（勝方＝稲福恵子、『沖縄女性学事始』、新宿書房、
　2006年、98頁）。

　以上が勝方＝稲福の提示する「越境する沖縄女性」の概念であり、イメージ
である。
　高木の著作を通して得られる照屋敏子のイメージは文字通り「越境する沖縄
女性」のそれである。昭和初期、10代の照屋敏子は沖縄と南洋との間を貨物船
に乗って自在に行き来していた。その後、19歳で照屋林蔚と結婚したことに
よって、敏子は生まれ育った糸満の文化と嫁ぎ先の那覇の士族文化との差異を
知る。高木は「戦前の沖縄でこのような家柄の照屋家に糸満育ちが嫁ぐという
のは普通は考えられないことであった。沖縄は小さな島の連なりだが、島ごと
に風俗習慣、言語、気質などがかなり違う」（63頁）と記しているが、敏子が、
照屋家の台所に大切に保存されていた沖縄の珍味で、戦前は首里や那覇の上流
家庭でのみ食されていた豆腐ようを、知らずに腐っているものと思って捨てて
しまい、義父の照屋林顕にひどく怒られたというエピソードは糸満と那覇の士
族文化との差異を物語るエピソードである[6]。1944年には那覇の十・十空襲を
機に鹿児島、熊本に疎開し、その後沖縄戦を経て福岡に移り住んだ敏子は、そ
のことで初めて日本という枠の中で沖縄以外の日本と対峙し、沖縄を強く意識

することになる。これについては後述するが、この経験で敏子は勝方＝稲福の言う「おきなわ女性」になったといえよう。さらに、沖縄に戻ってからは米軍による異民族統治が敏子を待っていた。この米軍統治は1945年から72年まで27年間続くことになる。この間、米軍統治下の沖縄では1950年の群島知事選挙を境にして日本復帰運動が盛り上がってくるが、敏子は復帰運動には反対であった。敏子にとっては日本もまた異質な存在であり、それは決して帰るべき祖国などではなかったからである。そのような認識がやがて敏子の「沖縄独立論」へとつながっていくことにもなるのである。

　以上のように、照屋敏子の人生は「越境する沖縄女性」そのものであったと言えよう。

２．イチマンウィナグー

　照屋敏子は、1915年9月11日、玉城傳七、カミの長女として沖縄県の糸満町字糸満に生まれた「イチマンウィナグー」（糸満女性）であった。まずこの「イチマンウィナグー」について整理しておきたい。

　沖縄市長村長会編の『地方自治7周年記念誌』（1955年、864-865頁）には、糸満の「婦女子は頑健粗野で美貌の持主多く、戦前には鮮魚を頭上にのせ那覇市場まで売り歩いた。夫婦経済は別々で個人主義経済組織になっているので学者の研究資料として名高い」とある。必ずしも「頑健粗野」と「女傑」とは同義ではないであろうが、照屋敏子や『ナツコ　沖縄密貿易の女王』（奥野修司著、文芸春秋、2005年）で広く知られるようになった金城夏子などは「女親分」とも「女長政」とも言われた糸満女性を代表する女性である。石井が語った照屋敏子に関する前述のエピソードなどはこのような糸満女性のイメージそのものである。

　糸満を第2の故郷とする民俗学者の比嘉政夫は糸満女性について次のように述べている。

第11章　沖縄を生きた糸満女性　照屋敏子　*153*

　　糸満に移り住んでまず感じました事は、女性が男性に比して決して引けをと
らない力強さをみせることでした。言葉使いなどにもそれが表れて、女の人が
自分の夫を「このあほんだら」のような表現で叱り飛ばす訳です。それは、た
またまその人が年上女房だったせいかもしれませんが、女の子達の会話の中に
も非常に男女差を感じさせない会話が出てくるというのがあったのです（比嘉
政夫「沖縄女性の地位と役割」宮城学院女子大学附属キリスト教文化研究所
『沖縄研究ノート』11、2002年、4頁）。

　比嘉が指摘するのは糸満社会における男女間の地位の平等性であるが、同時
に糸満女性の力強さ、頑健さもうかがうことができて興味深い。
　そして、その背景には糸満女性が行っていた魚売り（イユアチネー）がある。
先の記述に見た、戦前、糸満女性が「鮮魚を頭上にのせ那覇市場まで売り歩い
た」とあるのは、いわゆる「カミアチネー」のことである。この「カミアチ
ネー」について、加藤久子は次のように記している。

　　かつて糸満の女たちの仕事は「カミアチネー」と呼ばれる魚行商がすべてで
あった。技術的に大量捕獲を可能にしたアギヤー漁法が完成した明治中期から
戦前までは、獲物は多くても氷も乗り物もない時代であった。夫や父や兄弟た
ちが捕ってきた魚を女たちは80斤（48キログラム前後）もワタバーキ（運搬用
の籠）に詰め、これを頭に乗せて、首里や那覇への15キロ以上の道のりを素足
で急いだ（加藤久子『糸満アンマー　海人の妻たちの労働と生活』ひるぎ社、
1990年、13-14頁）。

　高木によれば、照屋敏子も9歳からこの糸満魚売りを始めている。高木は敏
子の魚売りについて、「その当時から、彼女は持ち前の負けん気の強さと気力
で耐えたのだろう。こうした日々が心身ともに強靱な敏子をつくり上げていっ
た。そして、体力だけでなく、この時から敏子の商売や人あしらいの感覚も磨
かれていった」（40頁）と記している。
　また、比嘉政夫は次のように述べている。

　　私の母は、糸満から那覇に移ってあと、私の家は若狭という街にありますが、
そこから歩いて1時間以上かかる市場まで、2、30キロの鰹節を入れた籠を頭

載せて、売りに行く訳です。その市場でも私は店番を時どきさせられましたが、市場までの行き来に籠を頭に載せて母は元気にやっておりました。そういうふうに母親が支えた自分の家の経済を考えますと、沖縄の家族を考えた場合に、女性の持つ、妻の持つ、経済的な力というものは、無視できないほど大きいんじゃないかという感じを持っていた訳です（比嘉、前掲論文、4-5頁）。

　比嘉が述べている家庭における女性の大きな経済力は夫婦別経済あるいは個人主義経済組織ともつながってくる。その象徴的なものが、糸満女性が持つ私財であるところの「ワタクサー」である。この「ワタクサー」については、経済学者の河上肇が「琉球糸満ノ個人主義的家族」（『京都帝国大学法学会雑誌』第6巻第9号、1911年）で紹介して、それが沖縄で投げかけた大きな波紋とともに、広く知られるに至った。野口武徳によれば、「ワタクサー」は糸満のみならず沖縄各地にみられるということであるが、その発生について「夫と妻が、海岸線を境にして、漁夫と行商人、売る人と買う人という関係が明確にされるという実生活上の構造から、より明確な形で、私財とか夫婦別財とかの習俗が存在しうる根本的な理由のひとつがあったように思われる」と指摘している[7]。
　「カミアチネー」や「ワタクサー」など、すでに現在では見られなくなってはいるが、以上のような特徴を持っていたのが「イチマンウィナグー」であった。
　照屋敏子は2歳の時に両親が移民としてブラジルへ渡ったために祖母である玉城トクのもとで育てられた。トクもまた糸満女傑として知られた人物で、敏子はこの祖母のもとで網元の女後継者として「のびのびと男勝りの娘」に育っていった[8]。9歳からはカミアチネーを始めて心身ともに鍛えられ、16歳の時に初めて南洋に行ったことをきっかけに、カミアチネーで貯めたワタクサーを旅費にし、沖縄と南洋を商売のために往復して大きな利益をあげた。高木は「敏子の生涯は、この糸満の血を色濃く滲ませたものであった」（21頁）と記しているが、敏子自身、インタビューなどでは自分のことを「海の女」「糸満の女」と称している。歴史学者の東恩納寛惇は敏子に「君こそは　女なれども　千尋なす　海原の如き　望み持つ人」という歌を贈ったというが、母とのつながりもあって、敏子の人生は海とは切り離せないものであった。

第11章　沖縄を生きた糸満女性　照屋敏子　*155*

照屋敏子はイチマンウィナグーとして生まれ、イチマンウィナグーとして育ち、イチマンウィナグーとして人生を生き抜いたのであった。

3．沖縄独立論への傾斜

（1）沖縄を離れて

1944 年、那覇の十・十空襲を機に、敏子は鹿児島、そして熊本へと疎開した。敏子は、1945 年 8 月 15 日を熊本の疎開先で迎えたのであった。その後、当時、福岡県知事であった野田俊作の依頼により、敏子は福岡に移り住むことになる。野田の依頼というのは、敏子によれば、「マッカーサー指令で沖縄人は博多に集結することになっている。外地からの引揚者がどっとやってくると大変だ。収容所に漁業移民だった連中がいるようだから、漁業で救う方法を考えてほしい」ということであった。2 万人もの沖縄人が寺や学校でゴロゴロし、子供が栄養失調の状態にあったのを黙って見ていられなかった敏子は、その方法を考えた。

敏子はこのときのことを次のように語っている。

> 黙って見ているわけにはいかなくて、手持ちの黒砂糖と古い網を熊本で交換してきてね。糸満の連中に追い込みの網をつくらせたんだ。そりゃ私だって糸満の女なんだからね。追い込みのことぐらい知ってるサ。魚はバンバン獲れる。さあそれからは魚で復員者を助ける以外にないということになって、私と熊本に居た国場幸太郎さんの二つの漁業団が組織されたんだ。そのあとなんだよ、福岡に沖縄県と、沖縄県漁業連合会の仮事務所ができたのは（照屋敏子「母なる海に生きて」『青い海』1977 年 7 月号、88 頁）。

これが沖ノ島漁業団誕生の背景である。しかし、敏子がイチマンウィナグーの本領を発揮したこの沖ノ島漁業団も、根こそぎ魚を獲り尽くしてしまう沖縄式の追い込み漁が批判され、法律によって全面的に禁止されてしまい、やがて解散に追い込まれてしまう。このときの悔しさを、敏子は次のように語って

いる。

　　沖縄の復員者だけじゃない。福岡の人間にも魚を食わせてきたよ。それなの
　に、26年の10月に農地法漁業法ができると追い出しにかかりやがった。沖縄人
　は、所属のはっきりしない民族だからよ。終戦直後の何もない時はおだてて、
　沖縄県という腕章までつけて魚獲らせたくせに、その恩を忘れて追い出した。
　どんなにくやしい思いをしたか（同前）。

　その後、敏子はシンガポールに渡って春光水産という合弁会社を設立するが、
その時も沖縄人であるという理由で悔しい思いをしたと回顧している。
　さらに、敏子の中の「沖縄民族の血」をたぎらせたのが、フィリピンから博
多に引き揚げてきた沖縄人の末路であった。彼らは「マラリアと栄養失調で、
顔はドス黒く、腹はふくれて、毎日のようにバタバタ死んでいった」という。
このときの状況を敏子は次のように語っている。少し長くなるが、敏子の言葉
をそのまま引用しておきたい。

　　異郷で同胞の悲惨な姿をみると、私の正義感が黙っていない。あれは沖縄民
　族の血がそうさせたんです。小禄の人が多かったね。博多駅のホームにコモを
　かぶせた死体がゴロゴロしていた。あけてみると、みんな沖縄人。実は私の実
　兄玉城梅吉が引き揚げてくるのを迎えるために博多駅にいったのがきっかけで
　す。引揚列車が1日に2回到着するので、その時間に合わせて、駅のホームで
　待っていた。
　　“岸壁の母”が唄になったが、私は“駅頭の母”だった。とにかく何百人とい
　うフィリピン引揚者を市内の小学校に寝泊まりさせ、そのお礼として学校給食
　用にトラック1台分の魚を寄付しました。朝になると授業があるので市内の各寺
　院に分散収容した。そのうちに、毎日死人が出る。それを火葬にする燃料の石
　炭がない。仕方がないので、那覇市役所員だった若い人たち4、5名に頼んで、
　夜こっそり博多駅から石炭を盗ませ、郊外の姪ノ浜火葬場で焼いた。ところが、
　石炭の量が足りずに、半焼きにしたホトケもあり、その死体を野犬がかじって
　いた。お寺の葬式も私がしてあげた（照屋敏子「糸満女傑の土根性　照屋敏子
　さんの自立経済論」『オキナワグラフ』1982年6月号）。

第11章　沖縄を生きた糸満女性　照屋敏子　*157*

　冒頭の「異郷」というのは福岡・博多のことを指している。敏子にとって、福岡・博多は「異郷」であったのである。この表現自体に、敏子が沖縄を離れて、すなわち越境して「異文化」の中に身を置いているという自己認識を持っていたことがわかる。そして、その「異郷」の地で、敏子は沖縄同胞の悲惨な姿を目にしていよいよ「沖縄民族の血」をたぎらせたのであった。このときに敏子が「異郷」において他者と接触することにより、そして他者の視線にさらされることによって、自分が「沖縄人」であるという自覚を得たであろうことは、その後、沖縄の独立を夢見て沖縄を生きた敏子の半生をみれば容易に想像しうることかもしれない。敏子は後述する沖縄の経済的自立に関連して次のように述べている。

　　政府も金融機関もどこ向いているかわかりゃしないからね。砂糖キビだけつくらせて、値段の問題になると世界の安いところを基準にして沖縄のものを叩くだろう。それなら、どうぞ他所からお買い下さい、だよ。それにかわる農業を、太陽エネルギーを利用する農業を指導してやって下さいというのに、国民としての指導育成を忘れているでしょう。
　　だから私は日本の国が大っ嫌いだというんだ。私は日本人である前に沖縄人ですからね（照屋敏子、前掲「母なる海に生きて」89頁）。

　繰り返しになるが、戦後、敏子の中にはっきりと「沖縄人」としての意識が確立されていた。そのきっかけとなったのは前述した福岡という「異郷」で見た「沖縄同胞」の悲惨な姿であった。高木が記すように「この時の沖縄同胞への思いが、戦後の敏子の生き方を決してゆく原点となっていった」（83頁）のである。ここに敏子の沖縄アイデンティティが芽生える出発点がある。敏子は日本人である前に沖縄人であった。敏子はいよいよ日本を越境したのである。そして、このような経験が積み重ねられた中から、敏子の「沖縄独立論」が芽生え、育っていくことにつながるのである。

(2) 沖縄の独立を夢見て

『沖縄の独立を夢見た伝説の女傑 照屋敏子』と高木の著書の題名にも入っているとおり、照屋敏子は沖縄の独立を夢見た女性であったが、高木は照屋敏子の「沖縄独立論」については「敏子の独立論や反米、反ヤマトの言動は、必ずしも思想的な一貫性、整合性を備えたものではなかった」（142頁）と記している。たしかに、敏子の独立論は漠然としたものであり、思想的に十分に練り上げられたものとは言い難いが、仮に、そこに一貫した信念とも言うべきものがあるとすれば、沖縄の経済的自立を目指すということであろう。

先に、戦後沖縄で展開した日本復帰運動に対して、敏子は反対の立場をとっていたと記したが、その理由は、当時の沖縄が経済的に自立していないという認識が敏子にはあり、自立経済の伴わない復帰など時期尚早であると考えていたからである。敏子は沖縄の経済的自立を実現しなければならないのはほかならぬ沖縄人自身であると考えていた。しかし、その沖縄人がそのために努力をしないでただ日本復帰を主張することに納得がいかなかった。そして、その点に敏子の痛烈な批判が向けられる。非常に厳しい表現が続くが、敏子は次のように述べている。

> とにかく自立経済の伴わない復帰には反対で、当時私は時期尚早論を表明したものです。
> 最後の高等弁務官だったランパートさんは3月に1回、糸満の「海の里」にきて私を激励してくれた。ズックにジーパンに作業衣を着けてね。だから私はアメリカが好きですよ。
> けれども、昔ハダシでまっ黒になって働いた沖縄の人間が、戦後は働かなくなり、怠惰な民族になった。戦争と基地のせいだと思います。沖縄の最高の権威者でさえ、働く私の姿に魅せられ、私のあとについて草むしりを手伝ってくれた。それなのに同じ沖縄人である歴代知事は一度も訪ねてくれなかった。市長でさえこない。失業率は日本一という現状をみて下さい。台湾や韓国からキビ刈りの助っ人を呼んで使っている。情無いですね。自立経済もヘッタクレもないよ。人づくりというが、教育畑の人は、若者をおだてて、民主主義、自由主義を吹きこみ、怠惰な人間にした。これを叩きなおすために、つき離すことも母性本能の一つであり、愛のムチと思ってもらいたい。昔の沖縄女は、米の

めしは夫に食べさせ、自分はイモでガマンした。この母なる沖縄女を見習うべきだ。

とにかく経済の伴わない自立では、民主主義も自由主義もないんだ、と声を大にして叫びたい（照屋敏子、前掲「糸満女傑の土根性　照屋敏子さんの自立経済論」）。

このように、敏子の自立経済論は沖縄の独立実現のために不可欠の前提条件であった。そして、そのために沖縄人としての精神的自立を、辛辣ではあるが、いかにも敏子らしい表現で沖縄人に対して叱咤激励したのである。敏子はそのことを主張するだけではなく、自ら実践しようとした。照屋敏子の戦後の後半生は文字通り沖縄の経済的自立のために邁進したものであった。例えば、高木の著書に屋冨祖幸子という女性が登場する。彼女は敏子が社長を務めていた「クロコデールストア」の社員だったが、敏子のもとで紅型作りに従事した。敏子は屋冨祖のために紅型工房を作り、紅型の材料も全部準備して屋冨祖に思う存分いろいろなことをさせてくれたという。屋冨祖幸子は敏子について次のように語っている。

当時わたしは20代、社長は50代、本当に沖縄を愛している女性で、とにかく沖縄の自立のために何かしたい、わたしはそのための道をつくる。それをどう展開してゆくかは、あなたたちの役目だと口癖のように言っていました。それを文字通り、言うだけでなく実行してゆく姿に、本物だと思いました。わたしが、家庭の事情もあって独立を申し出た時に、社長は工房の道具をぜんぶわたしにくれました。社長との出会いは、今思えば人生最大の財産です（高木、前掲書、149頁）。

高木は女性従業員の中で一番長く勤めた屋冨祖について「それは敏子の中の真実を見た数少ない人の一人だったからではなかったか」（149頁）と記している。

今日でも「沖縄独立論」は底流のように沖縄に流れ続けている。それは、例えば、1996年9月4日に起きた米兵3人による少女暴行事件などが引き金となり、日米両国の対応に不満を抑えきれずに、一気に噴出する。このような「沖

縄独立論」は戦後に限ってみても、沖縄民主同盟・共和党の仲宗根源和や社会党の大宜味朝徳など男性の専売特許のような感があった。その中で、照屋敏子のように女性が沖縄の自立経済の実現を柱に沖縄の独立を主張するというのはまれであると言ってよいであろう。もちろん、まったくなかったというわけではなく、声なき声として存在していたとは思うが、少なくともそれが沖縄女性によって堂々と正面切って論じられるということはまれであった。高木が記しているように、敏子のこのような沖縄独立への激しい思いは家族には理解できなかったかもしれないが、今日でも、いや今日のような時代であるからこそ、あらためて一層の輝きを放つのではないだろうか。著者もそのような敏子の光を浴びてみたいと思う者の一人である。

おわりに

　以上、照屋敏子について、高木凛著『沖縄独立を夢見た伝説の女傑　照屋敏子』を踏まえて筆者なりに整理してきた。照屋敏子という人物の人生を顧みて、敏子を糸満女性であるとか、沖縄女性であるとか、「女性」を形容する何かを付けて理解するとすれば、これも高木の指摘するところであるが、「原始の女性」とするのがふさわしいような気がする。ただし、高木はこの点について、敏子は「男を立てる奥床しさとか、慎み深さといった当時の『婦徳』を身につけさせる家庭に育たなかった。敏子はその意味で原始の女性であったと言える」（72-73頁）と記しているが、筆者の言う「原始の女性」は、文字通り人間が生まれ落ちた時に男であるとか女であるとか、あるいは成長するにつれて男らしいとか女らしいとかということではなく、そもそもそれらは人間が後天的に外部から規定されたジェンダーとして付加された価値であるということから、そうしたジェンダーが成立する以前の女性を、やや形容矛盾であるが「原始の女性」であると考えたい。その意味では、敏子は男女の性をも越境した「女性」であると言えるかもしれない。

【註】

1）本章は、2008年11月8日に開催されたシンポジウム「多民族社会の女性たち―その生き方を読み解く―」（宮城学院女子大学附属キリスト教文化研究所　共同研究〈多民族社会における宗教と文化〉主催）での報告に加筆修正したものである。

2）勝方＝稲福恵子『おきなわ女性学事始』新宿書房、2006年、17頁。

3）同前、19-20頁。

4）同前、20頁。

5）同前、96頁。

6）外間米子監修、琉球新報社編『時代を彩った女たち　近代沖縄女性史』ニライ社、1996年、255頁。

7）野口武徳「沖縄糸満婦人の経済生活―とくにワタクサー（私財）について」成城文芸』第56号、1969年、33頁。

8）外間監修、前掲書、254頁。

9）沖縄独立論については、比嘉康文『「沖縄独立」の系譜　琉球国を夢見た6人』琉球新報社、2004年、参照。同書で取り上げられている6人とは、大浜孫良・崎間敏勝・野底武彦・新垣弓太郎・大宜味朝徳・喜友名嗣正でいずれも男性である。

第12章

瀬長　瞳・内村千尋著
『生きてさえいれば』
（沖縄タイムス社、2010年）

　今から10年ほど前の2002年12月22日のことである。その日、筆者は沖縄
国際大学で開催される研究会に出席するため沖縄にいた。研究会までに時間が
あったので、この機会を利用して、筆者は、同行の犬飼公之、古田倭文男（と
もに宮城学院女子大学教授、当時）とともに、宿泊先の泊高橋からタクシーを
借りて読谷村の座喜味城や万座毛などを周った。その時の運転手さんは御年80
歳であったが、まだまだ矍鑠としていて、筆者たちに身振り手振りを交えなが
ら沖縄のことを熱く語ってくれた。その運転手さんの話の中で最も熱を帯びて
いたものが瀬長亀次郎の話であった。

　言うまでもなく、瀬長亀次郎は戦後の沖縄を代表する政治家である。1945年
から72年まで米軍統治下にあった沖縄にあって徹頭徹尾「反米」を貫き、沖
縄人民党を率いて戦後の日本復帰運動をリードして、人々から「カメさん」の
愛称で親しまれた。

　運転手さんは亀次郎の演説が大好きで、沖縄人民党の支持者は言うまでもな
く、そうでない者も亀次郎が演説すると聞けば喜んで聞きに行ったという話や、
亀次郎の自宅が雑貨店をやっていて酒やタバコなども扱っていたが、タバコ1
箱分を買えない人には1本ずつバラ売りしたという話などをしてくれた。筆者
は、その話を聞きながら、いかにも亀次郎らしいと感じたことを覚えている。

　沖縄人民党は、沖縄の日本復帰後に日本共産党と系列化したことからもわか
るとおり、共産党系の地域政党であった。沖縄が米軍統治下にあった時代、世

界は冷戦の真っ只中にあった。したがって、沖縄人民党は米軍に最も睨まれた政党であり、同党を率いた亀次郎は米軍に最も睨まれた政治家であった。しかし、亀次郎は米軍に屈することなく、生涯をかけて沖縄県民のために抵抗の姿勢を貫いた。亀次郎の有名な演説の中に「瀬長一人が叫んだならば50メートル先まで聞こえます、沖縄全県民が声をそろえて叫んだならば太平洋の荒波をこえてワシントン政府を動かすことができます」という言葉がある。当時、米軍支配下で人権を蹂躙され続けていた沖縄の人々にとって、こうした亀次郎の壮大とも言える演説には胸のすくような思いのするものがあったであろう。

　前置きが長くなってしまったが、本書『生きてさえいれば』の著者である瀬長瞳さんと内村千尋さんは亀次郎の長女と次女であり、亀次郎とその妻フミの激動の人生を見続けてきた。本書は娘たちがみた父・亀次郎と母・フミの姿をエッセーというかたちで軽やかに語っている。本書の魅力を筆者なりにまとめると次の3点になるだろうか（なお、筆者の専門が政治史であるため、どうしても関心は亀次郎に集中してしまうが、その点は御了解いただきたい）。

　第1に、人間・亀次郎の姿が生き生きと語られている点である。「人間・亀次郎」という場合、政治家としての亀次郎と家庭の中の亀次郎の2つがあると思うが、そのいずれもが生き生きと紹介されていて実に興味深い。例えば、「政治家としての亀次郎」については、選挙、演説、他の政治家との交友などが紹介されている。先の運転手さんの話にもあったように、亀次郎の演説は大変な人気であったが、瞳さんによればそれは最初から魅力的な演説であったわけではなく、最初は「ブルジョワ民主主義、アメリカ帝国軍隊、玉砕主義、敗北主義、人民戦線」など、当時中学生だった瞳さんにはさっぱり意味のわからない用語を使った難解なものであったという。瞳さんから「難しくて解らなかった」と指摘された亀次郎だったが、それを機会に演説の仕方が変わり、沖縄の方言も交えて話すようになり、演説の内容が中学生にも解るようなものになっていったという話が紹介されている。

　「家庭の中の亀次郎」については、亀次郎がきれい好きで几帳面な性格であったことや、家庭の中でもブルジョワ嫌いを貫き、お陰で瞳さんが「シンデレラ姫」になりそこねた話も紹介されている。また、「メジロ」と題された

エッセーには小鳥好きの亀次郎がこまめに小鳥の世話をする様子が記されているし、「コロッケ」にまつわる話などは亀次郎の表情が目に浮かんできて思わずくすりと笑ってしまう（詳細は本書を御一読ください）。これらは政治家・亀次郎からはうかがいしれない、家庭の中でしかみせない亀次郎の素顔であろう。

　第2に、貴重な資料が紹介されているという点である。その中には瞳さんが亀次郎からもらった手紙や、亀次郎の父・信九郎から送りつけられた「絶縁状」などがある。一例を紹介すると、1957年2月18日の手紙には、瞳さんの表現を借りれば「親父が那覇市長に当選して米軍や反動売国勢力が総攻撃をかけていた時の親父の心境」が記されているが、それを読むと「不屈」という言葉を好んだ亀次郎の真骨頂を見て取ることができる。そこには「いま非常に元気だ。奴らが元気にするんだね。攻撃がはげしくなると身（体）内にひそんでいる抵抗素がよみがえり、すばらしくいきいきしてくるんですね」「お父さんをたたきつぶすことはちょっと無理ですな」といった文章が綴られていて、これぞ亀次郎と思わせるものである。

　なお、本書には「資料編」があり、次女の千尋さんが沖縄タイムス紙に掲載したコラム「唐獅子」が収録されている。こちらも貴重な話が盛りだくさんで、先の運転手さんの話にあった「タバコのバラ売り」のエピソードは「伝説のマチヤグヮー」と題されたコラムに読むことができる。

　第3に、米軍統治時代の沖縄の政治や社会の様子をみることができるという点である。千尋さんのコラムの最初の3編、すなわち「予想を超える弾圧」「パスポート拒否」「CICによる手荷物検査」には、当時の米軍による亀次郎や沖縄人民党、そしてその家族にまでも行われた弾圧の様子が記されている。この点については、瞳さんも本編の中で沖縄人民党の演説会にはCICやスパイがうろうろしていたこと、50年代の沖縄人民党に対する攻撃が凄まじかったことなどを記している。自由主義を掲げ、民主主義を標榜する米国による沖縄に対する自由の侵害や人権の蹂躙についてはもはや誰もが知っている事実であるが、こうした話を読むとあらためて「米軍統治時代とは何だったのか」ということを考えさせられると同時に、それが日本復帰を果たして40年になろうと

する今日においても変わっていないという現実に思いが至る。いまこそ亀次郎のような政治家が必要なときではないか、そういう思いが胸をよぎるのは筆者だけではあるまい。

　さて、本書には亀次郎のことだけではなく、その妻フミさんのことや、32歳でこの世を去った瞳さんの御子息のことも綴られている。本書のタイトルになっている「生きてさえいれば」という言葉は、瞳さんがカナダに一人で旅立つ時、那覇空港に見送りに来てくれた母フミさんが目にいっぱい涙を浮かべて言い残した一言であったそうだが、その言葉は瞳さんにとって様々な思いがつまった大切な言葉となったのであろう。本書にはこの言葉をタイトルにした詩が掲載されているが、生きてこの世にあることのありがたさや大切さ、同時に逝った者への尽きることのない思いが表現されている。

　筆者もこのタイトル「生きてさえいれば」というタイトルを目にしたとき、非常に胸を打たれた。それは2011年3月11日に東日本を襲った大地震と大津波のことがあったからである。筆者の勤務する大学は仙台にあり、学生たちをはじめとして教職員にも地元出身者が多い。本学だけを考えてみても、何らかの人的・物的被害を受けた方は非常に多い。地震が発生し、ライフラインが途絶えてしばらく一体何が起こっているのか、そして被害状況がどうなっているのかまったくわからなかったとき、「生きてさえいれば」との思いは誰の胸にも去来したであろう。かくいう筆者は、地震発生時には名古屋にいた。中部国際空港で仙台便の欠航を確認するとともにレンタカーの手配をし、地震発生から2時間半後にはすでに仙台へと向かっていた。その間にもラジオからは大きな余震が次々と起こっていることが報じられていた。連絡の取れなくなった家族の身を案じ、「生きてさえいれば」「生きてさえいてくれれば」と心の底から念じながら仙台に向かった。そうしたことを思いながら、この詩を読むとき、命の尊さ、生きてこの世にあることのありがたさを感じると同時に、鎮魂の思いでいっぱいになる。

　話がだいぶ逸れてしまったが、本書のタイトルにこの「生きてさえいれば」という言葉を選んだ瞳さんにはこの言葉に御自身の様々な思いが凝縮されていたのであろう。読者は本書を読み終える時、魂が清らかになり、静かな気持ち

になっていることに気づかされるであろう。

　ぜひ一読をお薦めしたい書である。

第13章

与那原恵著『首里城への坂道
鎌倉芳太郎と近代沖縄の群像』
（筑摩書房、2013年）

　首里城。いうまでもなく沖縄第一の観光名所である。

　筆者が初めて首里城を訪れたのはもうかれこれ十数年前のことになる。守礼門から歓会門、瑞泉門、漏刻門、そして「万国津梁の鐘」を左手に見ながら広福門をくぐると左手に真っ赤な奉神門が見える。この奉神門をくぐると目に飛び込んでくるのが赤を基調に鮮やかに彩られた首里城正殿である。守礼門から正殿へと至るこのルートからは正殿をみることができない。そのため、突如として目の前に現れる正殿の姿は見る者に強いインパクトを与える。かつてこの地に都をおき、独特の文化を花開かせていた琉球王国を訪れた人々は色鮮やかで堂々とした正殿を前にしてその威容に打たれたことであろう。

　では、琉球王国を治めていた国王とはどのような人物であったのであろうか。幸いにも私たちは歴代琉球国王（第二尚氏王統）の肖像画を、一部ではあるが、目にすることができる。「御後絵」と呼ばれるその絵は、残念なことに先の沖縄戦で焼失してしまったため、私たちが見ることができるのはその写真のみである。それらは正殿に向って右手にある南殿の廊下に掲げられている。明・清王朝期の中国皇帝から贈られた皮弁冠と皮弁服を身に纏った国王が正面を向き、周囲に家臣団がひかえるスタイルの御後絵は国王の死後に制作されたものであるが、国王がまるで生きてそこにあるかのように、それぞれが表情豊かに個性的に描かれている。では、この貴重な写真を撮影したのは誰であろうか。その人物こそ本章で取り上げる与那原恵著『首里城への坂道』（以下、本書）

の主人公、鎌倉芳太郎である。

　著者の与那原恵氏はノンフィクション作家である。氏が鎌倉芳太郎という人物に関心を持ったのは、沖縄が、戦後27年間に及んだ米軍統治時代に終止符を打ち、日本復帰を果たした1972年に開催された「50年前の沖縄―写真でみる失われた文化財」展がきっかけであった。同展は、当時の琉球政府立博物館とサントリー美術館の共催で開催された、琉球王国時代の息吹を伝える大規模な写真展であったが、そこで公開された約400点にも及ぶ写真を撮影したのが鎌倉であった。当時、中学2年生であった著者は父君と同展を鑑賞しているが、そのときのことを著者は本書の「あとがき」で次のように記している。

　　首里城、円覚寺の山門、赤瓦がつらなる首里の町並み―。大きなパネルに引き伸ばされ、白と黒のコントラストがきわだつ圧倒的な写真。南国の湿気や匂いまでも感じられるような写真を父は一点一点じいっと見つめ、言葉を発することもできずにいるようだった。かつて彼に身近にあった風景のなかに、じぶんやしたしい人が写っているのではないかと探しているようにも思えた（本書396頁）。

　この展覧会で自分の幼い頃の首里をまざまざと思い出したようであった著者の父君は、展覧会からの帰宅後、思い出話を著者にとめどなく語ったという。こうして著者は鎌倉芳太郎という名前を知ることになったのである。その後、1982年、鎌倉が84歳の時に刊行した『沖縄文化の遺宝』（論考篇と写真篇の2冊）に接した著者は、父君といっしょに観た写真との再会を嬉しく思い、展覧会での父君の表情がよみがえってきたという。こうして、鎌倉のことが気になっていた著者が、鎌倉のことをきちんと調べてみようと思い立ったのは今から十数年前のことであった。ここも著者の言葉で確認しておこう。

　　あるとき、沖縄県立図書館に、＜鎌倉ノート＞の一冊だけがコピーされておさめられていることに気づいたのが、すべてのはじまりだ。それは鎌倉のもっとも初期のノートで、はじめての宮古・八重山調査を記録したものだった。几帳面なペン文字でびっしりと書かれた記録と精緻なスケッチ。何か、すごいも

のに接してしまった、というのが第一印象だ。書く、というよりも、彫り込んでいる、といった雰囲気をただよわせるノートだ。このノートを20代なかばの青年が書いたとは信じられない。ノートには、私も大好きな宮古や八重山の民謡の歌詞が多く記録されているのだが、その精確さにもびっくりした。どこまでも歩いてゆく足、すべてをみつめる目、すぐれた耳。いったい、この人は何者だろう（本書400頁）。

　こうしてノンフィクション作家として鎌倉芳太郎の人生を追う著者の旅が始まったのである。

　ここで本書の特徴について、思いつくままにまとめていきたい。

　第1に、本書は鎌倉芳太郎の本格的な伝記であるということである。とりわけ、著者が「あとがき」で「どうしても知りたかったのは、鎌倉が下宿した座間味ツルのことだった」と書いているように、座間味ツルをはじめとする座間味家の人々と鎌倉とのつながりが実に丁寧に調査され、しっかりと書かれている点は、鎌倉に関する他の論考には見られない、本書の最も重要な点であろう。著者はツルをはじめとする座間味家の人々が「（鎌倉）にとってきわめて重要な人物にちがいないというカンがあって、座間味家につらなる人を捜しもとめた」と書いているが、まさにノンフィクション作家としての著者の「冴え」をみてとることができる。

　第2に、本書の副題が「鎌倉芳太郎と近代沖縄の群像」とあるように、近代沖縄から戦後沖縄へと続く時代に生きた数多くの人びとを活写している点である。思いつくままに挙げても、本書には「沖縄学の父」と呼ばれる伊波普猷やその師である田島利三郎、歴史学者の真境名安興や東恩納寛惇、ジャーナリストにして沖縄の民俗や文化に関する研究家で、鎌倉にも大きな影響を与えた末吉麦門冬、仙台出身で八重山諸島の石垣島測候所に赴任し、その第2代所長として台風の研究にあたった岩崎卓爾、「八重山研究の父」と言われた喜舎場永珣、当時、建築界の権威であり、取り壊しが決まっていた首里城を鎌倉とともに救うことになる東京大学教授の伊東忠太、戦後、米軍統治下の沖縄における琉球政府最後の主席で、沖縄の日本復帰を実現した屋良朝苗、沖縄戦でいわゆる「ひめゆり部隊」を引率し、戦後は琉球大学教授として琉球方言研究にも

多大な功績を残した仲宗根政善、そして琉球王家の血をひく王族の一人で、琉球文化の保存や紹介にも大きな功績をあげ、沖縄戦のさなかにこの世を去った尚順など、沖縄につながる多くの人々が登場する。本書に登場するこうした数多くの人びとを通じて、私たちは「近代沖縄」という時代を追体験することができるのである。

　第3に、「琉球文化」とは何かという問題意識の共有である。本書で著者は鎌倉芳太郎を評して「『琉球文化』全般の最高のフィールドワーカー」であるとし、「彼以上に、琉球と対話し、観察し、記録した人間はいない。沖縄本島各地、宮古・八重山・奄美の島々をくまなく歩き、琉球のすべてをとらえようとした彼がテーマとしたのは、芸術、文化、歴史、民俗、宗教、言語など、幅広いことも、ほかに例をみない」と記している。著者にとって鎌倉の人生を追うことはすなわち「琉球文化」を追うことであった。著者は「私たちは、『琉球文化』をどう定義すればよいのだろう」と自問し、そこに「とりあえずそれを、さまざまな文化を取り込みながら、独自に昇華した文化」という暫定的な定義とともに、続けて「人びとのいとなみのなかではぐくまれた英知が伝承され、そのときどきに生きた人びとの証をあざやかに残すもの。琉球文化とは、過ぎ去った膨大な時間と現在の『対話』そのもの」との意味づけを行っている。

　「琉球文化」というキーワードから沖縄の歴史を考えるとき、「琉球文化」は幾度となく消滅の危機にぶつかっている。よく言われるように、1609年の薩摩の島津氏による琉球侵略、1879年のいわゆる「琉球処分」とその後の近代日本への包摂、そして1945年の沖縄戦は、琉球文化の変容や消滅の危機として代表的な歴史的事実である。しかし、著者は、鎌倉の人生を通して、「(琉球文化は)歴史の流れから一時断ち切られたとしても、あたらしい時代の人たちに思いがあれば、ふたたび息を吹き返すこともできる。ゆたかな芸能のかずかず、美しい工芸文化、首里城がそう語っている」と記し、琉球人や近代沖縄の人々、そして鎌倉芳太郎がそうした役割を果たしたという思いを持っている。こうした著者の思いは鎌倉の人生を追ううちにでき上がっていったものであろうし、それらは本書に記されている琉球王国時代の外交文書集である『歴代宝案』をめぐるエピソードや、大正12年に取り壊し直前の首里城を鎌倉が救ったとい

第13章　与那原恵『首里城への坂道　鎌倉芳太郎と近代沖縄の群像』　*171*

うエピソード、そして鎌倉が撮影した数多くの写真のガラス乾板が鎌倉自身によって大切に保管されていたというエピソードに、見事に表れているといえるであろう。鎌倉が撮影した大量のガラス乾板を、鎌倉が先の戦争のさなかに防空壕の中で必死に守ろうとしている場面で、著者は次のように記している。

　その防空壕に、鎌倉は沖縄で撮影した大量のガラス乾板を保管したのだった。大正期から昭和初期にかけて撮影したガラス乾板は、展覧会などで展示したもののほか、千数百点があったが、一点一点のあいだに紙をはさみ、何重にも布でつつみ、いくつもの茶箱（内側にブリキ板が貼ってあり湿気をさけるのに適していた）におさめられた。これを防空壕に入れると、そのぶん家族の居場所もせまくなるが、何としても貴重な史料を守らなければ、という鎌倉のつよい意思、それを理解した妻・静江によって、王国時代の面影を残す写真などが守られるのだ。（中略）これらを守る義務がじぶんに課せられていると考えていた。「琉球」と「沖縄」をむすぶもの、それがガラス乾板に残されており、これを守らなければ歴史が断ち切られてしまう、そんな悲痛な思いであったのかもしれない（本書266-267頁）。

　ここに記した鎌倉の思いは「琉球文化」に対する著者の思いでもあったにちがいない。

　ところで、本書のタイトルは『首里城への坂道』であり、本書の書き出しが「首里は坂の町である」となっていることからも明らかなように、「坂」は本書の重要なモチーフになっている。坂は人が行き交う場であるとともに、上り坂と下り坂があり、坂の頂点がその転換点となっていることから人生にもたとえられるものである。本書は大きく沖縄戦以前（プロローグから第6章）と沖縄戦を含めたそれ以後（第7章からエピローグ）に分けることができるが、第6章の最後とエピローグに印象的な坂の記述がある。第6章最後に描かれる坂の記述は、時代が大きく変わろうとするその前夜を暗示する場面に現れる。著者は次のように記す。

　首里の坂道は、変わらないままだ。
　坂の上から人がやってきて、あいさつを交わし、鎌倉は坂をのぼってゆく。

そのかたわらに碧い海がきらめく。木々の緑の葉がそよぐ。坂の上には美しくなった首里城がそびえている。守礼門もかつてのすがたにもどった。王国崩壊から時がすぎたけれど、思いをこめて、じっと見つめていれば、そこに琉球人たちのすがたはあらわれる。

　東京に帰ったら、座間味ツルに首里城が修理されたことを話して聞かせよう。妻の静江や息子の秀雄にも、沖縄で出会った人たちや、調査と研究にあけくれた日々をひとつひとつ語ろう。このさきも、王国時代の建物の修理がなされるだろうし、やがて琉球の時代がすこしずつ息を吹きかえしてゆくにちがいない、そう思ったのではないだろうか（本書255頁）。

　そして、「鎌倉の沖縄訪問はこれが戦前さいごとなる。彼がふたたびこの地を踏むのは、35年後だ。昭和12年7月、日中戦争がはじまる」という文章で第6章を閉じるのである。

　エピローグでは次のように坂が描かれる。

　　プラットホームに立つと、海からの風がやさしく感じられ、坂の町をみつめていれば、そこに20代の鎌倉芳太郎が歩いているように思える。今日も絣の着物に袴をはいた彼が、ぎゅっと口をむすび、真剣なまなざしで坂道をのぼっているのではないか（本書394頁）。

　　遠い過去と現在がつながり、未来へとつづくゆるやかな坂道。鎌倉が歩いたのは、そんな美しい坂道だ。さまざまな表情をして、いろいろに語る人たちが通りすぎ、立ちどまり、考え、また歩き出す―。

　　風に吹かれてプラットホームから空を見上げる。坂のうえに首里城のすがたがチラリと見える。赤い城は、陽の光によってさまざまに表情を変え、朝の淡い光のなかではおだやかに微笑をたたえているようだし、真昼には乱反射した光のなかではずんでいるようだ。陽が落ちるころオレンジ色に染まり、やがて濃紺のなかにとけてゆく（本書395頁）。

　第6章の最後では穏やかな時代から凄惨な戦争の時代への転換点として、エピローグでは著者が鎌倉の人生を描き切ったそのラストシーンとして、それぞれに坂が描かれる。どちらも強く印象に残る場面である。エピローグでは、引

用した文章の後、著者は本書を「だけれど、いまはこのまま赤い城を見ていたい」という文で締めくくっている。読者は、首里の坂を上る鎌倉の姿や行き交う人々の姿、そして赤い首里城を思い浮かべながら、最後の「いまはこのまま赤い城を見ていたい」という文に、なんともいえないさわやかな余韻を感じながら、本書を閉じるのである。

　最後に次のことは記しておかねばならないだろう。すなわち、それは今日の私たちへの著者からの警鐘である。それは戦争の時代を記した第7章に現れる。

　　戦争の時代は、世相が一気に黒一色に塗りつぶされるわけではないが、時の経過とともに身動きができない状態になってゆく。いつのまにか灰色の日常に慣れ、しだいに黒色がましていることに気づいても、こらえ性ができてしまう。目や耳をつきさす勇ましい言葉にさえ慣れるものだ。恐怖が支配する社会を生きるために、姿勢をひくくして、口をつぐみ、この異常な日々をやりすごすしかない。それが当時のおおかたの日本人だったが、21世紀のいま、そうなったとしても、そんなふうにはならないといいきることができるだろうか（本書261頁）。

　この著者の警鐘は当時の日本人が主体的にとった行動という書き方となっているが、そういうように行動せざるをえない時代を作った政治というものがそこに表裏一体となっていることはいうまでもない。「そんなふうにならないといいきることができるか」という問いには「いや、できない」という答えが用意されている。私たちはこの問いを深刻に受け止めなければならない。

　以上、本書について思いつくままにまとめてきた。本書を読みながら初めて沖縄を訪れたときのことを思い出した。国際通りのホテルからバスに揺られて長い坂道を登りながら首里城を訪れたこと、短いながらも趣のある坂道である首里金城町の石畳を歩いたことなど。たしかに首里は坂の町である。あらためてそう感じた。今度また首里を訪ねることがあれば、坂道を登りながら人びとの行き交う姿をみてみたいし、沖縄の長い歴史に思いを馳せ、その歴史にどっぷりと浸りながら首里の坂道を登ってみたい。そして、沖縄の過去と対話しながら、沖縄の現在、そして未来について考えていきたい。

本書は今日の沖縄、そして日本を考えるためにもぜひ一読してほしい書である。

第14章

比屋根照夫著
『戦後沖縄の精神と思想』
（明石書店、2009年）

　比屋根照夫氏は著名な近代日本政治思想史研究者である。これまでにも『近代日本と伊波普猷』（三一書房）、『アジアへの架橋』（沖縄タイムス社）、『近代沖縄の精神史』（社会評論社）、『自由民権思想と沖縄』（研文出版）などの著作を世に問うてこられた。その比屋根氏の最近著が、本章で取り上げる『戦後沖縄の精神と思想』（明石書店）である。本書には1990年代後半以降に発表された諸論文を中心に9本の論文が収録されている。

　ところで、2009年は琉球・沖縄史において日琉・沖関係を再考するまたとない機会となった。なぜなら、2009年は1609年の「薩摩の琉球入り」から400年、1879年のいわゆる「琉球処分」から130年という節目の年であったからである。この琉球・沖縄史を画する2つの歴史的事件に関して、比屋根氏は「薩摩侵攻400年・琉球処分130年　琉球王国再評価の契機」と題する論稿を発表した（2009年5月15日付け『朝日新聞』）。本書の内容に入る前に、氏のこの論稿について簡単に触れておきたい。そのことは本書を理解するためにも必要な作業であると思われる。

　まず、比屋根氏にとって2009年は沖縄が「自己自身を問う歴史の大きな節目」であった。この「自らの歴史経験を問い直す」という作業は「今なお基地の重圧に苦悶する沖縄の未来をどう切り開いて行くか」という切実な問題と密接に結びついていた。「自らの歴史的な来歴を問う作業」が沖縄で大きなうねりとなっているのは「沖縄の歴史の記憶と深くかかわっている」からである。

「1609年の薩摩（島津氏）の琉球侵攻、1879年の琉球処分は琉球・沖縄史の決定的な転換点であり、被抑圧の記憶を呼び覚ます原点」であった。「琉球・沖縄史の決定的な転換点」となったこの2つの歴史的事件について、比屋根氏は次のように記している。

　まず、「薩摩の琉球侵攻」については、歴史学者の西里喜行、高良倉吉、豊見山和行らを含めた今日の研究者が、琉球王国の主体性、力量を積極的に評価しようとする試みを続けていることを紹介している。それは、薩摩支配下の琉球王国を「奴隷制度」として厳しく糾弾し、暗黒の琉球王国史を説いた伊波普猷の近世史観を批判的に検証し、近世琉球王国の主体性を再評価しようとするものであった。すなわち、琉球王国は薩摩の「奴隷」であったのではなく、「薩摩の支配下にありながらも、したたかに内政・外政を通じて、王国・小国の自立・自主を貫いた」という積極的な評価である。

　次に、「琉球処分」については、上記のような琉球王国の主体性の再評価が「琉球処分」の見直しにもつながるとしている。氏は、これまでの「琉球処分」をめぐる歴史観について、日本の戦後歴史学が近代主義的な歴史観の下、「琉球処分」の断行を「民族統一論」ととらえることに終始し、「独自の、固有の歴史を持つ『琉球王国』の内在的分析を怠って来た責任は大きいと言わねばならない」と論じる。さらに、「『民族統一』などという単色の議論によって『琉球王国』を含む諸地域の歴史の個性を抹消してきたのである」と厳しく批判している。これは、後述するとおり、『戦後沖縄の精神と思想』所収の諸論文においても氏が繰り返し触れている「歴史湮滅策」（太田朝敷）であり、それこそ氏が「琉球処分以降の沖縄統治の原型」と呼ぶものであった。

　続けて、氏は、松田道之編『琉球処分』を引き合いに出して、そこに貫かれているのが琉球王国に対する「固陋野蛮」史観とも言うべきもので、「明治国家が中国・朝鮮などに向けた傲慢なアジア蔑視観と連なる沖縄表象（観）そのもの」であると論じる。そして、琉球王国の主体性を評価しようとする先述の試みとともに、こうした「固陋史観」を撃ち、琉球王国の独自性、固有性を高々と掲げるところに今日の琉球王国論の特徴があり、そのような琉球王国の再評価や、ダイナミックな研究の展開がやがて「『琉球処分』という公認の歴

史的用語を『死語』へと導くはずである」と記して、論稿を締めくくっている。

　近代国民国家が「想像の共同体」（アンダーソン）であると指摘されてから
すでに久しい。比屋根氏が「単色の議論」とする「民族統一論」は、このよう
な「想像の共同体」論からすればフィクションに過ぎないだけでなく、明治国
家が、そのようなフィクションを実態としてのノン・フィクションであるかの
ように作り上げようとしたとき、沖縄の独自性、固有性を抹消させる論拠とも
なっていった。文字どおり、「民族統一論」は国家を単色に塗りつぶしていっ
たのである。比屋根氏は、別稿において、琉球処分以降の沖縄の歴史を日本と
の関係性を視野に入れて見たとき、そこには同化志向と自立志向という大きな
思想的潮流が交錯している様相が見てとれると指摘しているが[1]、沖縄の歴史
はまさにこの「民族統一論」をめぐって同化と自立の間で揺れ動き続けた歴史
であったということができよう[2]。

　以上、「薩摩の琉球侵攻」と「琉球処分」に関する比屋根氏の論稿の内容を
紹介してきたが、続いて『戦後沖縄の精神と思想』の内容について触れていき
たい。同書は、「戦後沖縄」という、27年間に及ぶ米軍統治時代から、1972年
5月15日の日本復帰を経て、今日に至る時代の沖縄の思想を取り上げているが、
これまでに氏が取り組んできた「近代沖縄」における政治思想も盛り込まれて
いる。まず、本書の構成を確認しておきたい。

　　序　沖縄にとって戦後とは何だったか
　　Ⅰ
　　　「混成的国家」への道―近代沖縄からの視点
　　　戦後日本における沖縄論の思想的系譜
　　Ⅱ
　　　50年代・沖縄の言論状況―「那覇市長問題」を中心に
　　　沖縄―自立・自治への苦闘―歴史的文脈に即して
　　　復帰35年の沖縄が提起するもの
　　Ⅲ
　　　非士の悲哀―宮城与徳とその時代

無戦論の系譜
一つの終焉—沖縄の戦後世代中屋幸吉の軌跡

　すべてについて詳述することはできないが、各論稿の内容について触れてお
きたい。
　比屋根氏は、2007年9月29日に行われた、日本政府による沖縄戦の「集団
自決」への軍命否定に抗議する県民大会から「序」を書き起こす。戦後沖縄精
神史は「沖縄戦の記憶・戦争体験」と「米軍統治下の戦後沖縄体験」という2
つの契機が時代の折節に結びつき、沖縄住民の情念・精神を噴出する形で彩ら
れていると考える氏にとって、「今回の事態は『反戦平和』を希求する沖縄戦
後史の深い精神的岩盤から噴き出した怒りであり、そこに、戦争の記憶が単に
過去の事実ではなく、現在の沖縄住民の生き方を根底から規定するものであっ
たという事実が端的に示されている」ものであった。そして、「検定意見の撤
回を拒む日本政府の姿勢は、まぎれもなく沖縄戦の記憶の抹殺に繋がるもので
あり、戦争の悲惨な体験を否定するものである。沖縄にとって断じて容認でき
るものではない」として、沖縄戦と集団自決に関する記述をめぐる教科書検定
に対する日本政府の対応を厳しく批判している。
　次に、「『混成的国家』への道」では、日本政府による「琉球処分以降の沖縄
統治の原型」を「歴史潭滅策」と規定した。「歴史潭滅策」は沖縄が蓄積して
きた言語・文化・歴史などの基層的な価値を劣勢なものとし、“国民的精神”
の発揚を疎外するとして否認した。こうした社会生活全般にわたる伝統文化の
潭滅が「日本化＝同化」の過程で推し進められるとき、そこに出現するものは、
人間の主体性・アイデンティティの喪失という危機的状況であった。「民族統
一論」を「単色の議論」とした氏の表現を使うとすれば、歴史を潭滅した後に
築かれたのは、いわば「単色の国家」であった。そして、氏は、この「単色の
国家」に伊波普猷の「混成的国家」を対置する。氏によれば、伊波を中心とす
る地域文化発掘運動は被抑圧民族の復権・回復を目指したものであり、「地方
文化・伝統文化の個性・固有性をいかに擁護するか、その破壊が地方人の精神
世界をいかに荒廃させるかを、明治国家体制下で鋭く提起した」ものであった。

伊波は、こうした「個性」論の展開の上に、アイヌや台湾、朝鮮などの他民族を含んだ混成的国家である日本の多元的・分権的統合と自治の構想を模索したのである。

「戦後日本における沖縄論の思想的系譜」は「戦後沖縄」を腐食させるものとしての沖縄の米軍基地に対して内外の戦後知識人がどのように格闘したか検討することを課題としている。この課題のために取り上げられた戦後知識人は中野好夫、竹内好、木下順二、丸山眞男、大田昌秀、大江健三郎であった。比屋根氏は、木下が戯曲『沖縄』で記した「沖縄は、沖縄がこれまで一度も自立しえなかったことに対する責任を負うこと。本土は本土が沖縄に対して犯した罪の責任を背負うこと」という一文が大田に影響を与え、大田が「一方において沖縄側の自己変革を促す方法として、沖縄人のもつ事大主義的な行動様式を剔抉し、他方日本に向けては、『原罪』のより苛烈な批判へと向かう」とした。そして、この大田が提起した問題をより深化させ、日本人と沖縄人の関係性についてより本質的に掘り下げたのが大江健三郎であったとする。大江は「事大主義的沖縄人」に形影相伴うように「事大主義的性向の日本人」がいたとし、そのような日本人を否定されるべきものと考えた。そして、大江の言う「日本が沖縄に属する」という命題を、沖縄の「経験と思想」を精神の深部で共有しつつ、アジアの時空間において「沖縄経験」を再生し、「あるべき日本人像」を真摯に模索する戦後日本における沖縄論の帰結とみたのである。

「50年代・沖縄の言論状況」では、プライス勧告公表とそれが引き起こした土地問題をめぐる「島ぐるみ闘争」を背景に持つ50年代に起きた「琉大学生処分問題」や沖縄人民党書記長瀬長亀次郎の那覇市長当選に端を発する「那覇市長問題」を取り上げている。そして、「那覇市長問題」に関する沖縄社会大衆党の声明が「自治権の拡大と人権の確立」と「祖国復帰」の観点からとらえた、この時期における最も格調高い声明であったと指摘する一方で、「こと米軍の反共軍事政策の根幹にかかわる問題に関しては、地元新聞『沖縄タイムス』『琉球新報』両紙とも米軍権力へのジャーナリズムとしての批判がきわめて脆弱であった」こと、両紙が「米民政府との摩擦をできるだけ避ける現実妥協主義に立っていた」こと、そして「そのような現実妥協主義的な立場からは那覇

市民の民意がどこにあったかは全く視野に入っていなかった」ことを厳しく批判する。

　また、米民政府の布令改正による強権的な瀬長追放へと至るこの問題に対して、氏は「何よりも重要な事実は、この"強権発動"を直接的にであれ、間接的にであれ引き出したのは実は沖縄側の動きにあったという事実である」ことを指摘し、単に高等弁務官の"強権発動"を批判するだけでは済まない深刻な事情が伏在していたとしている。先の「事大主義的沖縄人」とも関連することであるが、氏はこの点について「沖縄内部の米軍統治への迎合的な姿勢、あるいは事大主義的な行動様式こそ、逆に米軍の強権的な地方自治への介入、民政への"強権発動"をも招いたことは否定できない重要な戦後史の事実である」と指摘している。この指摘は、米軍統治時代27年間の沖縄の政治を「異民族統治」の時代と規定し、「米民政府 vs 沖縄」という二項対立的な図式で理解することの単純さ、危うさを示しているといえるであろう。

　「沖縄—自立・自治への苦闘」では、近代沖縄の歴史を「自主・自立・自治を求めて苦闘した不断の歴史」であったとし、竹内好や福沢諭吉、太田朝敷、伊波普猷の思想を取り上げながら、沖縄が「民主主義のメルクマール」であることが示される。

　「復帰35年の沖縄が提起するもの」では、2007年4月の参議院議員補欠選挙において、民主党の選挙戦術が全国画一的な「格差」論議に終始し、米軍基地再編問題、「集団自決」問題、憲法改正問題等々、沖縄が直面する問題を争点化せず、結果的に自民党と公明党の「生活保守主義」に押し流されたこと、そのような選挙戦術の結果、沖縄の抱える問題を「格差」論議の中に埋没させ、沖縄がもはや基地問題より生活優先主義に舵を切ったとの誤った印象を全国に与えた野党の責任が重いことが論じられる。「基地問題は終わるどころかこれからが正念場である」という、この当時の氏の指摘は、参院補選と同時に行われた宜野湾市長選挙において普天間基地問題を正面に掲げた現職の伊波洋一が当選したことを考えても正しい。2009年9月、先に野党であった民主党が衆議院議員選挙で圧勝し、鳩山政権が誕生したことを背景に、2010年1月24日、普天間基地の辺野古移設への賛否を問う選挙となった名護市長選挙が実施さ

れ、移設反対派で新人の稲嶺進氏が当選したことは記憶に新しいところであるが、この事実は「基地問題」が決して過去のものではないことを明確に示している。それは「復帰38年の沖縄が提起するもの」でもあるのである。

「非土の悲哀」では、1930年代の世界史の激流に翻弄されながら、理想の火をロサンゼルスで高々と掲げて生きた名護やんばるの青年群像を、その中の一人で移民画家であった宮城与徳を中心に論じている。氏は、宮城の歩みについて、詩人の山之口獏とともに「沖縄」を抱えた人間の生きざまを見事にあらわしているとみた。そして、それを「沖縄人苦」という形でとらえたのである。

「無戦論の系譜」では、「明治末期にハワイにわたり、異色な文芸活動、宗教活動を続けた牧師比嘉静観」の「無戦世界」を中心に、近代沖縄における平和思想の潮流が語られる。近代沖縄における平和思想について、「非戦」「反戦」「無戦」という時系列的な展開の構図を描くことができるのではないかというのが氏の構想である。なお、比嘉静観がその青年期に思想的にも、宗教的にも伊波普猷の決定的な影響を受けたことが紹介されている。あらためて伊波の影響力の大きさを感じさせる。

最後に、「一つの終焉」は、「石川ジェット機墜落事件」という衝撃的な戦後体験を持った中屋幸吉の生涯を、50年代後半から60年代にかけて沖縄で学生生活を送った人間の典型であるとして、氏が大学院時代に万感の思いを込めて執筆した論考である。「あとがき」に記しているように、氏にとっての「戦後体験」とは中屋に象徴される米軍統治下の抵抗と挫折を意味し、それこそが氏の沖縄近現代史研究の原点であった。「序」に記されているように、沖縄戦が終了しても沖縄は「圧倒的な軍事力を背景に強行される米軍政下で、沖縄住民の生命、財産、人権は剥きだしになって迫る米軍の物理的な暴力に曝され続けた」。「石川ジェット機墜落事件」の他にも、1955年9月の「由美子ちゃん事件」や1995年10月の「少女暴行事件」、そして記憶に新しいところでは2004年8月に起きた「沖縄国際大学米軍ヘリ墜落事件」など、米軍統治下で沖縄が被った悲惨な暴力を数え上げればきりがない。

こうした沖縄を取り巻く暴力的状況に対して、沖縄県民は抗議の声を上げ、異議申し立てを行ってきたし、今でも声を上げ続けている。日本政府はそうし

た沖縄の声にどう向き合うのか。先にも記したように、2009年9月、日本では歴史的な政権交代が起きた。普天間基地の移設問題については、2010年1月、日米合意で移設先とされた辺野古を含む名護市長選挙で移設反対派の稲嶺進氏が、移設容認派で現職の島袋吉和氏を破った。票差が僅差であることを考えれば、投票による意思表示が名護市民にとってぎりぎりの苦渋の選択の結果であることをうかがわせている。

　今、沖縄が熱い。沖縄が抱え続けている問題に対して、目をそらすことなく真摯に向き合うことが、日本政府は言うまでもなく、私たち一人一人にも求められている。比屋根氏の『戦後沖縄の精神と思想』という著書は今まさに読まれるべきものであり、沖縄の政治思想について考えるとき、今後も読み続けられるべき良質の書である。

【註】
1）比屋根照夫「近代沖縄における同化と自立—太田朝敷・伊波普猷を中心に」慶応義塾大学経済学部編『マイノリティからの展望〈市民的共生の経済学2〉』弘文堂、2000年、所収。
2）沖縄戦後、米軍による「異民族統治」下に置かれた沖縄では「日琉同祖論」を基盤とする「復帰論」が大きな潮流となり、1950年の群島知事選挙以降、沖縄社会大衆党や沖縄人民党などを中心に「日本復帰運動」が展開した。その一方で、仲宗根源和の沖縄民主同盟や共和党、大宜味朝徳の社会党（沖縄社会党と琉球社会党が合併して創設された）や琉球国民党などは「独立論」を掲げた。

第15章

仲程昌徳著『「ひめゆり」たちの声
『手記』と「日記」を読み解く』
（出版舎Mugen、2012年）

　仲程昌徳著『「ひめゆり」たちの声　『手記』と「日記」を読み解く』（以下、
『声』）は、その副題にあるとおり、仲宗根政善の著した『手記』と彼の遺した
「日記」を読み解くことを主たる目的としている。『手記』は『ひめゆりの塔を
めぐる人々の手記』のことであり、「日記」は「ひめゆりの塔の記」のことで
ある。ともに「ひめゆり」という語がタイトルに使われているが、この「ひめ
ゆり」とは凄惨を極めた先の沖縄戦で、沖縄県女子師範学校と沖縄県立第一高
等女学校の女生徒たちで編成された「ひめゆり学徒隊」のことである。仲宗根
はその引率教員として沖縄戦を通じて「ひめゆり」たちと行動をともにした。
仲程氏は『声』の「あとがき」で、琉球大学に在職中、ゼミで学生、時に教員
を交えて何度も読み、その度にやらなければと思いつづけてきたと記している。
文学者であった仲程氏がいう「やらなければ」というのは『手記』を「読み解
く」作業のことであるが、同時にそれは、仲程氏が『手記』の言葉の一つ一つ
を読んでいくには、さらに多くのことを「感じ」「聞きとって」いく必要があ
ると記しているとおり、『手記』の背景にある時代状況、あるいは『手記』に
通奏低音のように流れている文字以外の要素を「感じ」「聞きとって」いく作
業であった。そうした作業を通じて仲程氏が「聞きとった」ものこそ「ひめゆ
りたちの声」であった。

　本章は仲程氏によって著された『声』を紹介することを主たる目的とするが、
そのためにはまず『声』が読み解こうとしている『手記』と「日記」の著者で

ある仲宗根政善について触れなければならない[1]。

　仲宗根政善は、1907年、沖縄県国頭郡今帰仁村与那嶺に生まれた。2007年は仲宗根の生誕百年にあたる年で、これを記念して同年12月8日、かつて仲宗根が教鞭をとった琉球大学の付属図書館多目的ホールにおいて「仲宗根政善先生生誕百年記念シンポジウム」が開催された。シンポジウムは、当時、沖縄大学教授であった比嘉政夫による開会の挨拶で幕を開け、仲宗根と深い縁のあった琉球大学琉球方言研究クラブ、おもろ研究会、そしてひめゆり平和祈念資料館からそれぞれ報告とコメント、そしてフロアーからの質疑応答が行われた。

　琉球大学琉球方言研究クラブは、仲宗根が琉球大学で講じた「国語学概論」が創部のきっかけとなっている。1952年、沖縄群島政府の廃止にともなって琉球大学に赴任した仲宗根は「国語学概論」で「方言が学問になる」ことを教えた。仲宗根の講義に刺激を受けた学生たちの間で方言研究に対する関心が高まり、1957年、仲宗根を初代顧問として同クラブが創設されたのである。同クラブからは数多くの琉球方言研究者が出ている。

　おもろ研究会は1968年に始まった。翌年、東京大学での長期研修から帰任した仲宗根が自宅を研究会の場として提供して以降、1989年に場所が現在の沖縄県立芸術大学に移るまでの20年以上の長きにわたって、仲宗根宅で開催された。仲宗根がこの世を去った1995年に同研究会は1000回を迎え、同年9月23・24日にはその記念の研究発表大会を仲宗根の故郷である今帰仁村にある今帰仁村コミュニティ・センターで開催している。

　ひめゆり平和祈念資料館は1989年に開館した。仲宗根はその初代館長である。先述のとおり、仲宗根は沖縄戦において「ひめゆり学徒隊」を引率し、南風原の陸軍病院や摩文仁の第一外科壕などを転戦したが、沖縄島最南端の喜屋武岬で米軍に追い詰められる中、手榴弾を抜こうとする生徒たちに対して生きることの大切さを説き、生徒12名とともに米軍の捕虜となる道を選んだ。沖縄戦でひめゆり学徒隊と共にした一連の行動の記録が『手記』である。仲宗根は『手記』を通して沖縄戦とひめゆりたちの悲劇、戦争の悲惨さと平和の尊さを訴え続けた。『手記』（角川書店版）の「まえがき」に仲宗根は次のように記

第15章　仲程昌徳著『「ひめゆり」たちの声『手記』と「日記」を読み解く』　185

している。

　　　昔から平和であった沖縄のこの美しい空を、この青い海の上を、戦闘機の一
　　機も飛ばせたくない。戦争につながる一切のものを拒否する。
　　　二十余万の生霊の血のしみたるこの島を、平和を築く原点としたい。

　一方で『手記』は、同じく「まえがき」に記されたように、仲宗根にとって
「懺悔録」であった。仲宗根は転戦の過程で教え子たちの死に立ち会い、重傷
を負って動けない生徒を壕に残したまま心ならずも壕を後にするという経験を
した。仲宗根の自筆の歌集である『蚊帳のホタル』には「わが命　つづく限り
は　血のしみし　あとをたづねて　とぶらい行かむ」[2] という歌が収められて
いるとおり、仲宗根は戦後の後半生を懺悔して歩むことになるのである。

　『声』は仲宗根の『手記』と「日記」を取り上げているが、そのほとんどの
部分を『手記』が占めており、本章でも主として『手記』に関する部分を紹介
していきたい。
　『声』では、まず第1章の「序」において『手記』の出版動機や特徴などを
整理している。それによると、『手記』は最初の出版から4度版を改めて出版
されている。すなわち、最初は、1951年に華頂書房から『沖縄の悲劇—姫百合
の塔をめぐる人々の手記—』として、次に1968年に文研出版から題名を変え
て『実録　ああひめゆりの塔』として、その次は1974年に東邦書房から『沖
縄の悲劇—ひめゆりの塔をめぐる人々の手記—』として、そして最後は1980
年に角川書店から『ひめゆりの塔をめぐる人々の手記』として刊行されている。
こうして出版社と題名を変えつつ版を重ねた『手記』は、版を改めるたびに増
補改訂されていく。仲程氏によれば、それは「まえがき」「生徒手記」「あとが
き」「戦没者氏名」「遺影の増補」の5点である。先に引用した『手記』「まえ
がき」の一部は角川書店版で新たに増補された個所である。ではなぜ、仲宗根
はこうした増補を行っていったのであろうか。仲程氏はそれを「いよいよ強く
なっていく、基地への違和」であるとしている。

戦後、沖縄は27年に及ぶ米軍統治の時代を経験した。米ソ冷戦時代の幕開けとその展開、そして朝鮮戦争など沖縄を取り巻く緊迫した東アジアの国際情勢を背景に、米軍は1950年以降、沖縄で本格的な基地建設を行った。沖縄ではこうした米軍統治を「異民族統治」とみなしそれからの脱却を求めて日本復帰運動が巻き起こった。復帰自体は1972年5月15日に実現したが、沖縄から基地はなくならなかった。それどころか、むしろ復帰後も増え続けた。復帰の日、仲宗根は「日の丸の　旗もあがらず　爆音の　とどろきわたる　復帰のあさけ」[3] という歌を詠んでいる。言うまでもなく「爆音」とは米軍基地発着の米軍機から発せられたものである。こうした状況に対して、ひめゆり学徒隊の引率教員であり、多くの教え子を戦場で失った仲宗根は強い憤りを持ったのである。

　仲程氏によると、そもそも仲宗根が『手記』の刊行を思い立ったのは戦争につながる一切のものを拒否するという強い思いに発していた。そのためには戦争の実態をまず伝えることが必要だと痛感し、ひめゆり学徒隊の生存者に手記の作成を呼びかけていくのである。手記を作成した生徒の数は華頂版で14名であったが、文研版で3名の手記が加わり、東邦版でさらに2名の手記が加わった。項目の数も版を重ねるたびに増えていき「艦砲射撃はじまる」から「浄魂を抱いて」まで38を数えるまでになった。

　しかし、その一方で、手記作成の呼びかけを受けた生徒の中には、書こうとしても手が震え、頭が割れるように痛んで書くことのできない生徒もいた。仲宗根はそうした生徒たちにも書き残してくれるように根気強く説得を続けた。仲宗根は『手記』「まえがき」に次のように記している。

　戦場に印した乙女らの血の足跡をありのままに記すことは、亡き乙女らへの供養にもなろうかと、灯油もなかった終戦直後、ビンにはいったマラリヤ蚊の防止薬をともして書きためた。私は乙女らの胸に飾られた赤十字のマークが永遠に輝くことを信じている。世界の人々が国境を越えて、この乙女に花を手向ける日が来ることを信じている。

第15章　仲程昌徳著『「ひめゆり」たちの声『手記』と「日記」を読み解く』　*187*

　こうした仲宗根の思いが、沖縄で増え続ける基地への強い怒りを伴って、「戦争につながる一切のものを拒否する」という激しい表現になって示されていくのである。『手記』とはこのような背景を持って刊行された書であった。

　さて、ここで『声』の持つ特徴について整理しておきたい。
　第1に、沖縄戦および沖縄戦におけるひめゆり学徒隊の行動を理解するために必要な用語あるいは基本的な事実に関する丹念な確認作業がなされていることである。例えば、仲程氏は「『壕』を抜きにしては、沖縄の戦いも生徒たちの沖縄戦も語れない」と記し、沖縄戦の理解に不可欠な要素として「壕」を取り上げて「壕」が果たした役割について詳述している。仲程氏は「壕」をキーワードに『手記』からは「壕」が多くの避難民の命を救ったことは間違いないとしながらも、同時に、心を痛めるような出来事が数多く起こった事実を読み取る。後者については壕から撤退を余儀なくされたときに壕に置き去りにされた重傷患者がいたこと、日本軍兵士による民間人の追い出しがあったこと、米軍からはいわゆる「馬乗り攻撃」を受けたことなどがあげられる。仲程氏はこうしたことを「壕」はよく物語るものとなっていくと記している。
　いま一つの例をあげると、仲程氏は「『鉄道路線』は、『ひめゆり学園』について語る際、落とせないものの一つであった」と記している。ここで「ひめゆり学園」とは沖縄県女子師範学校と沖縄県立第一高等女学校を指しており、「鉄道路線」とは当時沖縄にあった「軽便鉄道」のことを指す。こうした、今となっては存在しない施設あるいは設備などについて、例えば、ひめゆり学園については本文に加えて「コラム」で紹介し、「軽便鉄道」についてはそれをタイトルとする項目を立てて紹介している。中でも「軽便鉄道」については徳田安周の作詞による「軽便鉄道節」を紹介して、当時の沖縄の風景を詩情的に描き出しているが、同時に、1944年12月11日に部隊の移動に伴って起きた事故で多くの女生徒の命が失われたこと、そしてその事故が戦争への不安をますます大きくしていったことを記している。これらに加えて、1944年10月10日に那覇に行われた「十・十空襲」やひめゆり学徒隊の女生徒たちが看護婦として勤務することになる陸軍病院など、沖縄戦やひめゆり学徒隊にとって欠くこ

とのできない歴史的事実や事物について詳細に記されていて、読者にとっては『手記』をよりよく理解する手助けとなっている。

第2に、仲程氏が文学者としての視点で『手記』を読み解いていることである。例えば、該当する項目のタイトルをあげてみると、「括弧の注記」「風景修辞法」「人称表現」「用語　月・月影→水・雨→アダン」などである。

「風景　修辞法」では仲宗根が直喩法を『手記』のいたるところで駆使していることや、擬人法やオノマトペの使用がみられることなどに注目している。仲程氏は、直喩法の使用については、仲宗根が「異常な状態を、なんとか言い残そうとしたことによるものであり、情況をより鮮明に伝えようとしたことのあらわれであった」と解釈している。また、オノマトペについても、それが「現場を生々しく再現する。現場的であるゆえに、戦争という異常な状況を活写する上で欠かせないものとなる」と記している。仲宗根は沖縄戦を通じて文字通り「異常な状況」に身を置いた。それは筆舌に尽くし難いものであったが、しかし、同時にそれはなんとしても記録として残さなければならないと仲宗根が強く思っていたものであった。そうした中で仲宗根は修辞法を駆使していったのである。仲程氏はそうして出来上がった『手記』の修辞法に、風景の変化で照らし出された沖縄戦の推移や、その風景がよく反映してもいたこころの動きを読み取るのである。

「用語　月・月影→水・雨→アダン」では、『手記』の文章中に頻繁に見られる用語が変化していっていることを、実例を挙げながら詳述している。例えば、仲程氏は角川書店版になって全体で38の項目を「陸軍病院の日々」（1～13：項目番号、以下同様）、「戦火に追われて」（14～26）、「死の解散命令」（27～36）、そして「浄魂を抱いて」（37～38）の4部に分けていることを指摘し、各部の文章中に頻繁に登場する語がはっきりと変化していることを、具体例を挙げながら指摘している。例えば、「陸軍病院の日々」では「月」や「月影」を移した文章が頻繁に見られていたが、「戦火に追われて」になると「水」や「雨」の描写が次から次へと続いていき、「死の解散命令」になるとそれは「アダン」の語で満たされる。まさに『手記』の3つの部分は「月・月影」「水・雨」「アダン」という語によっても区分できるほどに、そうした言葉が集中し

て現れていたのである。仲程氏は、こうした文章中に見られる使用する言葉の推移を、壕内活動から撤退、逃避というように仲宗根とひめゆり学徒隊の女生徒たちを取り巻く状況が、ある言葉を頻出させる見事な用例であると述べている。

第3に、仲宗根自身そして仲宗根の家族について注目していることである。例えば、先に仲宗根は琉球方言研究者であると記したが、「方言手帳」と題する項目では転戦の中で仲宗根が自ら調査してまとめ、大切にしていた方言手帳を手放さなくてはならなくなったというよく知られたエピソードが取り上げられる。仲程氏も記しているように、「方言手帳」は「沖縄学の父」として仲宗根も敬愛した伊波普猷の指示を仰ぎながら心血をそそいで書きためたものであった。仲宗根はそれを戦後も長く忘れることができずにいた。仲程氏はそうした仲宗根の思いと人命だけでなく人が心血をそそいだものまですべてをずたずたにしてしまう戦争の悲惨さを、沖縄戦に参加した米軍の海軍士官の文章を引用して書いている。まさに「二度と戦争なんか真っ平だ」と、勝者の側にあった者でさえそう思うほどに、沖縄戦（そしてそれを含むすべての戦争）は惨憺たる傷跡を残していくのである。

「妻子」については、仲程氏は仲宗根の妻子に関する記述を「見落とせないものの一つ」として注目している。言うまでもなく、戦争は家族を離ればなれにするものであり、そうであるがゆえに別れた家族のことが頭に浮かび、その安否をずっと気にかけていくことになる。仲宗根は自分の妻子だけでなく行動を共にしている人々の中にある家族を思う気持ちをも描写している。仲程氏はそうした家族に関する記述について、仲宗根が、戦争がもたらす家族の離散という悲惨な現実を訴えたかっただけではなく、家族を恋い焦がれながら亡くなっていった者たちに代わって、彼らの思いを伝えたかったのではないかと解釈している。

第4に、『手記』の中のひめゆり学徒たちの生活に関する記述からキーワードを拾い出し、確認作業を行っていることである。その中の一つに「歌」という項目がある。これこそが本書のタイトルになっている「ひめゆり」たちの「声」に関する項目である。仲程氏は『手記』の記述の中から歌に関する個所

を取り上げ、校歌や軍歌が歌われたこと、歌は壕内の退屈に耐えかねて歌われたこと、あるいは壕内の換気のために歌われたことなどを紹介している。歌った歌について、原則として禁止されていた流行歌をひそかに歌うということもあったが、歌といえば軍歌が中心だったことは、時代環境を考えれば間違いないことである。しかし、それでも歌は女生徒たちにとって生きていることを実感させるものであったはずである。しかし、やがて生徒たちから歌が消えていく。仲程氏は「歌の好きな生徒たちから歌声が消えたのは、日常の生活が消えていたことを示す以外のなにものでもないはずである」と記している。すなわち、沖縄戦が最終局面を迎える頃には、生徒たちから日常生活が奪われ、歌が奪われていったのである。そしてそれは生きる希望を奪われることでもあったことは言うまでもないことであろう。

　その他、本書では沖縄の人々や朝鮮人、あるいは日本軍兵士や米軍兵士に対しても目を配っている。これらを含めて、『手記』に関する様々な点について、そのすべてを記すことはできないが、本書を通じて、我われは『手記』に描かれた沖縄戦やひめゆり部隊に関する理解をより一層豊かにすることができる、あるいはより深く理解することができるといえよう。『手記』あるいは『ひめゆりと生きて　仲宗根政善日記』（琉球新報社、2002年）と題して刊行された「日記」を読むとき、本書はぜひそばにおいておきたい一書である。

　仲宗根は1995年に亡くなった。その3年後、仲宗根の追悼文集（『追悼・仲宗根政善』1998年、沖縄言語研究センター）が出されたが、そこに寄せた仲程氏の追悼文を最後に紹介して本章を締めくくりたい。

　仲程氏は上記文集に「歌の終わり―『蚊帳のホタル』を読む―」[4]という追悼文を寄せた。『蚊帳のホタル』とは仲宗根の自筆による歌集である。仲程氏は冒頭に仲宗根の「よきことの今年もあらむ教へ子の夜のふくるまで集ひさわぐも」という歌を紹介している。それは仲宗根が1985年1月1日に詠んだ歌で、それまで毎年、変わることなく、夜更けまで続いた新年会を歌った一首である。仲程氏によれば、仲宗根が自詠の歌を収録して『沖縄の悲劇―姫百合の塔をめぐる人々の手記』を刊行したのは1951年で、仲宗根が再び歌を詠みはじめる

のが1963年頃。その間の10年以上歌作が途絶えていたのだが、再開された歌作は1970年に入って急速に多くなったという。仲宗根の歌は戦時を回想したものが多くなり、それは歌の終わりまで変わらなかったというが、仲程氏は仲宗根の「黒髪の地下にうづもれ朽ちはてむみ眼のかがやき空のごとくに」を引用して、仲宗根は「眼のかがやき」と「屍」を常に背にしていた、そしてそれは「眼のかがやき」が一際鮮やかに思い浮かぶと、すぐに「屍」も鮮やかになるという実につらいものであったと述べている。その仲宗根の歌作に終わりがきたのが1985年のことである。仲程氏は先に記したその年の新年の集いを歌ったその歌を「特別に感じられる」と記しているが、その理由は「教へ子」という言葉にまつわる姿にあると述べている。ここは、少し長くなるが、仲程氏の文章をそのまま記しておきたい。

　　ここに歌われている笑いさんざめく「教へ子」たち。夜更けまで騒ぎたてる彼や彼女たちに、先生は丁度40年前の「教へ子」たちを重ねていたとは思えないが、先生にはその「教へ子」たちが心の奥深くに住みついていた。

　　二十人にただ四人生く、百九十四人の教へ子帰らず
　　教へ子を壕に残して出づる夜の闇をつんざき砲声うなる
　　いやはての巌に追はれて粥炊きて我に与えし教へ子のあり
　　いたづける我をかばひし教へ子とふけゆく夜の蛙を聞けり

　　「教へ子」という万感胸に迫る言葉。
　　「壕」と「闇」の中に浮かぶ「教へ子」たちと「集ひさわぐ」「教へ子」たち。歌の最後に来て、先生は黙した「教へ子」たちではなく、「集ひさわぐ」「教へ子」たちを歌にした。それを、やっと先生の心が解き放たれたのだととるのは、騒がしかった子らの、そうであって欲しかったと思う切ない希望が生んだ読みなのであろうか。

　仲宗根は、沖縄戦の悲惨さとひめゆり学徒隊の女生徒たちの悲劇を二度と繰り返してはならないという強い思いを持って『手記』を刊行した。教え子を戦場に送り、戦争で死なせるというつらい経験を持ったからこそ、二度とそうい

うことが繰り返されないようにと仲宗根は強く願ったのであった。しかし、1972年5月15日の沖縄の日本復帰から40年が経過して、その間、仲宗根が『手記』「まえがき」に記したように沖縄の上空に戦闘機が飛ばない日は1日とてなかった。「戦争につながる一切のものを拒否する」という言葉も、2012年に新たに沖縄に配備されたオスプレイの前には空虚なものとなってしまった。こうした状況にある今だからこそ、仲宗根の『手記』、そして「日記」を読み、仲宗根とひめゆり学徒隊の女生徒たちの声に耳を傾けなければならない。繰り返しになるが、その声に真摯に耳を傾けた仲程氏の著した本書は『手記』と「日記」のそばに常において読まれるべき書物である。

【註】

1) 仲宗根政善について、筆者は、主として琉球方言研究あるいは琉球方言研究クラブとの関係から論じたことがある。それについては、以下の文献を参照。拙稿「仲宗根政善と琉球大学琉球方言研究クラブ─戦後琉球方言研究の黎明─」(『沖縄研究ノート』16、2007年、1-14頁)、拙稿「戦後沖縄における琉球方言研究─仲宗根政善と琉球大学琉球方言研究クラブ─」(『多言語社会研究会年報』第4号、2007年、120-132頁)、拙稿「仲宗根政善生誕百年を迎えて」(『沖縄研究ノート』17、2008年、1-10頁)。

2) 仲宗根政善『蚊帳のホタル』沖縄タイムス社、1988年、56頁。

3) 同前、60頁。

4) 仲程昌徳「歌の終わり─『蚊帳のホタルを読む─』(『追悼・仲宗根政善』沖縄言語研究センター、1998年、100-103頁、所収)。

あ と が き

「沖縄に行きたくありませんか？」

同僚のО教授の発したこの一言が筆者と沖縄を結びつけることとなった。それまで沖縄に行ったことがなかった筆者の頭の中にテレビや写真で見た沖縄の青い海と青い空がはっきりと映っていた。筆者が大喜びでО教授の甘い誘いに飛びついたのは言うまでもない。筆者の記憶が正しければ、筆者が宮城学院女子大学に赴任した1998年5月頃のことである。

宮城学院女子大学には附属のキリスト教文化研究所における共同研究として、沖縄を主たる研究対象とする「南島における民族と宗教」がある。О教授からの誘いを受けて筆者もこの共同研究に参加することになったのであった。1991年度にスタートしたこの共同研究は、筆者が参加した当時、日本古代文学を専門とし沖縄を研究対象としている犬飼公之氏（宮城学院女子大学名誉教授）を中心に、必ずしも沖縄を研究対象とはしない、歴史学や美術史、科学史、さらには文化人類学やフランス文学を専門とするメンバーで盛んな活動を行っていた。2011年には共同研究創始20周年記念が、犬飼教授の退職記念ともなり、メンバーで『沖縄研究　仙台から発信する沖縄学』を大風印刷から刊行した。筆者も同書で1章を担当したが、参加した当初は沖縄研究についてまるでわからないため、沖縄研究者をお招きして開催される講演会や研究会、共同研究メンバーによる調査報告会などを通じて、少しずつではあるが沖縄について学んでいった。

「今林さん、この共同研究の代表になってくれない？」

突然のО教授からの次なる誘いの一言であった。筆者の記憶では2000年のことであったと思う。筆者が沖縄研究に携わってからまだ2年目のことである。心の片隅に腑に落ちない思いを残しつつ、やむなく代表を引き受けはしたが、予想通り、それからは沖縄関係の講演会や研究会の企画、沖縄での共同調査の準備、この共同研究の成果を発表する媒体である『沖縄研究ノート』の執筆と編集など、沖縄関連のさまざまな仕事が次から次へと舞い込んできた。振り

返ってみてがむしゃらであった当時の自分を「よくやった」と褒めてやりたい気持ちにもなるが、今回、このように沖縄に関する単著を刊行することになった今から思えば、これまでの共同研究でのこうした経験が筆者を研究者として育ててくれたのだと心の底から感じることができる。

　本書はこうした筆者の沖縄とのつきあいの中で、主として『沖縄研究ノート』に発表してきた論考を中心に、書き下ろしを加えて編んだものである。やや古くなったものもあるが、いずれもが筆者のその時々の問題関心とこれまでの歩みを映し出すものとなっている。

　本書の刊行にあたって、これまで筆者を支えて下さった皆さんにこの場を借りて感謝の気持ちを伝えたい。共同研究の中心メンバーであった犬飼公之先生をはじめ、O教授こと大平聡先生、以下、五十音順に井上研一郎、岩川亮、菊池勇夫、杉井信、高田紀代志、土屋純の各先生、琉球大学の山里純一、波平恒男、狩俣繁久の各先生、沖縄県立博物館・美術館の安里進館長、沖縄国際大学の狩俣恵一先生、沖縄県立芸術大学の波照間永吉先生、沖縄タイムス通信員の久高泰子さん、まだまだお名前を挙げなければならない方もいらっしゃるが、皆さんのおかげで筆者の今日があることに、心から感謝と御礼を申し上げたい。

　最後に、3人の先生のお名前を挙げることをお許し願いたい。姫路獨協大学大学院時代の指導教授であった野口名隆先生、神戸大学大学院時代の指導教授であった犬童一男先生と月村太郎先生である。先生方には研究者として歩もうとする筆者を時には厳しく、時には優しく御指導いただいた。本書の上梓をもってこれまでの感謝を表したい。

　そして、何よりも本書の刊行をご快諾くださった大学教育出版の佐藤守氏、仲介の労をとってくださった黒神直純氏（岡山大学教授）には心からの感謝を申し上げたい。

　本書の刊行は筆者の沖縄研究のゴールを意味するものではない。筆者はまだまだ沖縄研究という旅の途中にいる。その旅の先に何が待っているか、今からもうわくわくしている。

　　2016年3月

　　　　　　　　　　　　　　　　　　　　　　　　　　　　　　　著者

■著者略歴

今林　直樹（いまばやし　なおき）
　1962生まれ。
　神戸大学大学院法学研究科後期博士課程満期退学。
　現在、宮城学院女子大学教授。

主な著書・論文
　「戦後沖縄の政治と政党」（犬飼公之編『沖縄研究　仙台から発
　信する沖縄学』大風印刷、2010年）
　「戦後沖縄における琉球方言研究　仲宗根政善と琉球大学琉球方
　言研究クラブ」（『多言語社会研究会　年報』4号、2007年）

沖縄の歴史・政治・社会

2016年4月20日　初版第1刷発行

■著　　者── 今林直樹
■発 行 者── 佐藤　守
■発 行 所── 株式会社 大学教育出版
　　　　　　　〒700 − 0953　岡山市南区西市 855 − 4
　　　　　　　電話(086)244 − 1268(代)　FAX(086)246 − 0294
■Ｄ Ｔ Ｐ── 難波田見子
■印刷製本── モリモト印刷(株)

ⓒ Naoki Imabayashi 2016, Printed in Japan
検印省略　　落丁・乱丁本はお取り替えいたします。
本書のコピー・スキャン・デジタル化等の無断複製は著作権法上での例外を除き
禁じられています。本書を代行業者等の第三者に依頼してスキャンやデジタル化
することは、たとえ個人や家庭内での利用でも著作権法違反です。

ISBN978 − 4 − 86429 − 357 − 0